普通の主婦の私でもできた!

“FX”で月100万円儲ける私の方法

鳥居万友美

ダイヤモンド社

※ＦＸを始める前に……

1．**投資はすべて自己責任で行う**

2．**ＦＸは基本的に余裕資金で行う**

3．**90％以上の個人投資家は一度は負けること知って行う**

以上を理解した上で、本書をお読みください。

序章

「子育てママ」がFXを始めた理由

私の毎日はこんな感じ

こんにちは。万友美です。

子供を育てる普通の専業主婦である私ですが、1年半ほど前からFX（エフエックス）に取り組んでいます。

FXというのは、Foreign Exchangeの略、「外国為替証拠金取引」のことです。

証拠金といわれるお金をFXの会社（※）に預け、その会社を通して日本の通貨（円）と外国の通貨（ドルやユーロなど）、あるいは外国の通貨同士を売ったり買ったりするのです。

なんだか難しそう、と思われるかもしれませんね。

私も最初、FXと聞いたとき目薬のことかと思いました（笑）。

そんな私がいまでは、毎月だいたい100万円のお金をFXでコンスタントに稼げるようになったのです。

それも、**パソコンに向かっているのは1日2～3時間ほど。**

そんな私の毎日の様子からご紹介しましょう。

朝は6時くらいに起きます。パソコンを立ち上げ、寝ていた間の相場の動きを確認します。

そのときに、自分なりに決めている「売り」または「買い」の注文（エントリー）を出すタイミングになっていれば、注文を出します。

6時30分頃から朝食の用意をし、子供を起こして学校へ送り出し、午前中はお掃除やお洗濯といった家事を片付けます。

昼間はFXの相場はあまり動かないのでトレードはほとんどしません。

買い物に出かけたり、パソコンに向かったとしてもメールのチェックやブログの執筆をしています。

夕方、ロンドン市場が開くと、ちょっと動きが活発になるので、パソコンをまた立ち上げます。このときは夕食の準備など家事を優先し、時間が空いたらのぞくという感じです。

食事と入浴を済ませ、9時すぎには子供とベッドへ行き、お話をひとつかふたつ読んで

※外国為替証拠金取引業者などといわれ、法律上は「金融先物取引業者」の一種です。詳しくは160ページ以降参照。

あげます。子供が寝たら、いよいよ本番です。10時すぎぐらいからパソコンの前にじっくり座って、本格的にトレードをします。ちょうどそのころ、ニューヨーク市場が開く時間なのです。

それから2～3時間、ニューヨークとロンドン、両方の市場が開いていて、一日の中で相場の動きが最も活発になります。

このときもずっとパソコンの画面を見ているわけではなく、ネットサーフィンしたりニュースをチェックしたりしながら、タイミングを見はからってエントリーや決済の注文をします。

相場が大きく動いているときは少し遅くまでトレードしますが、普通は12時頃にその日の取引きをすべて終え、寝ます。

なぜ、FXを始めたのか?

私はFXを始めるまでは、投資というものをまったくしたことがありませんでした。お金を増やすといえば、銀行に預けるだけ。

ただ、離婚の経験があり、そのとき、すごく経済的な不安を感じたので、絶対に自分の

図1　私の1日はこんな感じ

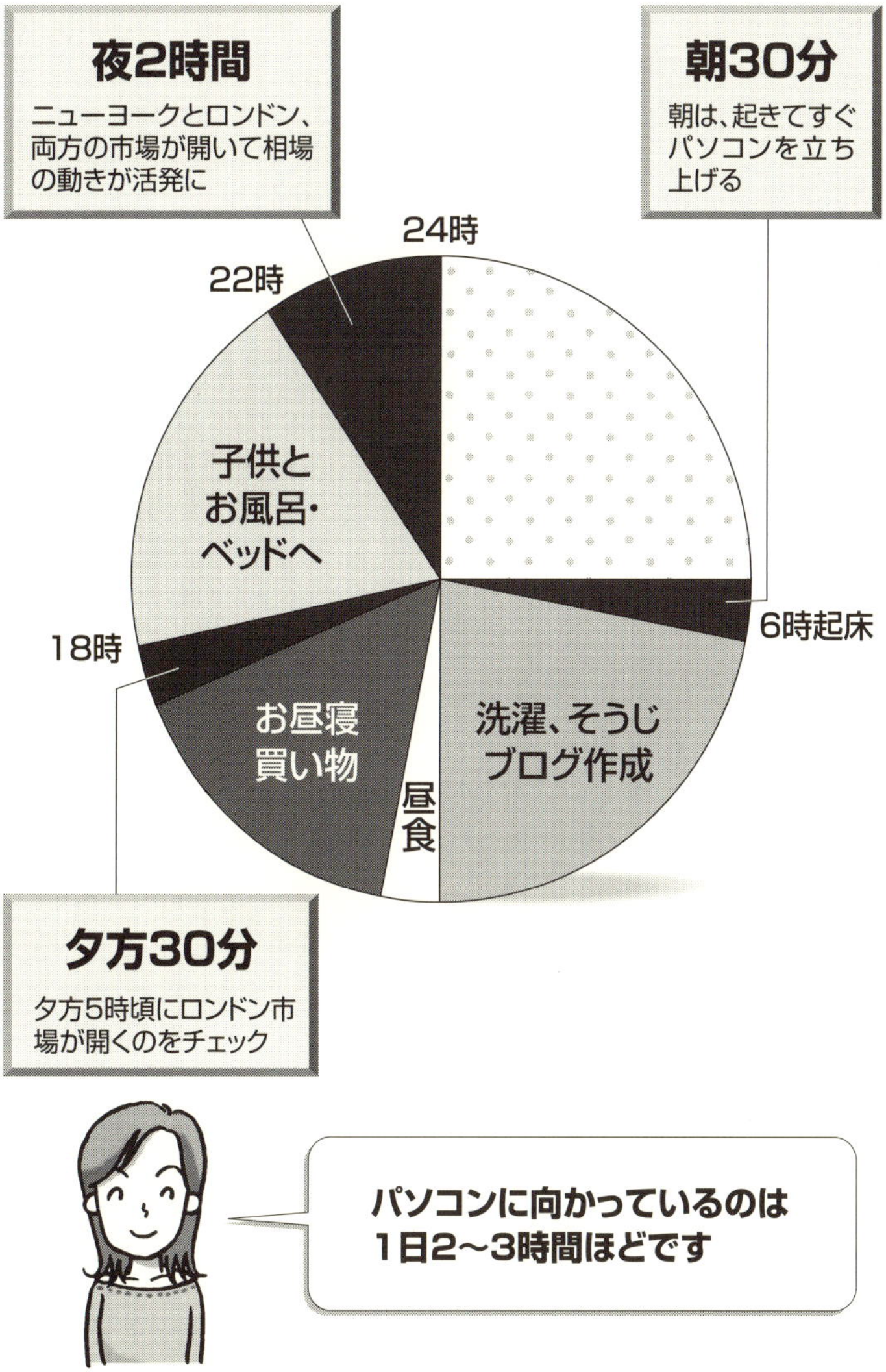
夜2時間
ニューヨークとロンドン、両方の市場が開いて相場の動きが活発に
朝30分
朝は、起きてすぐパソコンを立ち上げる
24時
22時
子供とお風呂・ベッドへ
6時起床
18時
お昼寝
買い物
洗濯、そうじ
ブログ作成
昼食
夕方30分
夕方5時頃にロンドン市場が開くのをチェック
パソコンに向かっているのは
1日2〜3時間ほどです

収入源を持ちたいという強い思いがありました。再婚してからも、その気持ちは変わりませんでした。

でも、小さな子供がいますし、時給で働くパートではベビーシッター代のほうが高くついてしまいます。そこで、何か在宅で稼ぐ方法はないかと考えました。

パソコンはあまり得意ではなかったのですが、ネットで「在宅で稼ぐ」というようなキーワードで検索してみたところ、アフィリエイトが稼げるらしい…ということが分かりました。それを見て私は、アフィリエイトでお金を稼ごうと思い立ちました。

そして05年の9月、アフィリエイトで稼ぐ方法を教えてくれるというネット塾に入りました。授業料は35万円ぐらいしましたが、私はまったくそういう知識がなかったので、高い授業料を払ってでも基礎からきちんと勉強しようと思ったのです。高いほうがきっと中身もしっかりしていて、意識の高い人が集まっているんじゃないかという思いもありました。

でも、いざ勉強を始めてみると、アフィリエイトで稼ぐのがいかに大変かということを思い知らされました。

主宰者は確かにアフィリエイトでかなり稼いでいる方でしたし、いろいろなことを教えてくれたのですが、あまりに作業量が多く、それをコツコツやれる人でないとついていけないのです。向き不向きもあるように思いました。やっていて全然楽しくないし、私には向いていない、そう気づくのに時間はかかりませんでした。受講生の中には成功する人もいますが、私のように挫折する人も少なくありませんでした。

稼ごうと思って投資したのに、ちっともリターンが得られない日々が続きました。そんなとき、悪戦苦闘している私を見ていた夫が、ＦＸを勧めてくれたのです。

彼は株式投資や先物など20年以上の投資経験があって、「株は難しいけど、ＦＸだったら君にもできるんじゃない？」と何気なく言ったのです。

アフィリエイトに挫折し、それに代わるものを探していた私は、「やりたい！ やってみる」とすぐその気になり、06年2月にある会社でＦＸの口座を開設したのでした。

注文の出し方や決済方法など基本的なことは夫が教えてくれましたが、最初はチャートの見方も分からないし、損切りが大事だということも知りませんでした。とにかく、相場が下がったら買って、さらに下がったらまた買って（いわゆるナンピン買い）、プラスになったら決済するという、実にシンプルで無謀なやり方をしていました。

それでも、ビギナーズラックというのでしょうか。相場はちょうど上昇基調で、買って、とりあえずスワップ金利（※）をもらいながら持っていれば、利益が出たのです。

600万円の元手から始めたのが、2ヶ月で900万円ほどに増えました（後でふれますが、実際には30万円くらいからでも始められます）。

調子に乗った私は、「何だ、簡単じゃない！」と思いました。

ところが、4月末から5月にかけてドルが大きく下げ、それに続いてニュージーランドドルも大暴落（円高）！

ニュージーランドドルは金利がよかったので、私もスワップ金利狙いでかなり買っていました。そのニュージーランドドルが値下がりして含み損がどんどん増えるのですが、いずれまた上がるだろう、スワップ金利も毎日入ってくるんだし、とズルズル損切りせずに先延ばししてしまったのです。そのときは損切りの大切さも全く分かっていませんでした。

結局、強制決済される寸前までできて、ようやく一部を損切りしました。でも、大量に持

※金利の高い通貨（英ポンドなど）を買い、金利の低い通貨（円など）を売って、金利調整分を受けとること。詳しくは59ページ参照。

図2　これまでの私のFXの実績

06年2月	貯金や夫に借りた分など**600万円でスタート**
3月	下がったら買い、利益が出れば決済するシンプルなやり方で**780万円**になる
4月	月末には**973万円にまで増える。**
5〜7月	**1,070万円**まで増えたが、急激な円高でドルやニュージーランドドルが暴落。一気に含み損が増え、数ヶ月かけて約**500万円**を損切り。いままでのやり方が間違っていることに気づく。 **大暴落**
8月	新しい手法を学び、自分なりにマスターするため試行錯誤。
9月	新しい口座を開設。**心機一転、200万円から再スタートを切る。** 200万円が月末には**470万円**に（プラス分は月末に出金）。
10月	200万円が月末には**400万円**に（プラス分は月末に出金）。
11月	200万円が月末には**360万円**に（プラス分は月末に出金）。
12月	200万円が月末には**260万円**に（プラス分は月末に出金）。
07年1月	新たに100万円からのスタートに切り替える。 以降、**月100万円のプラスを目標にトレードを続ける。**

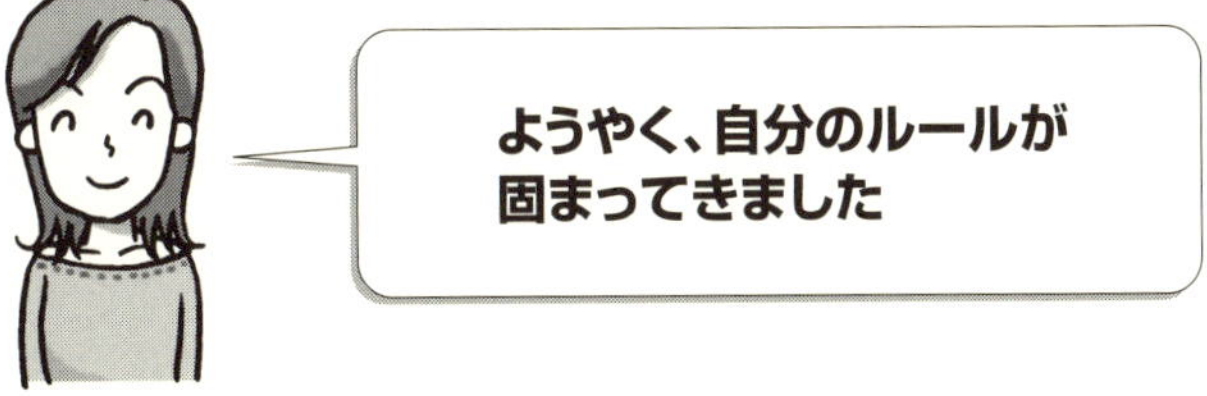

っていたポジションを全部損切りする勇気はなく、多額の含み損を抱えたまま、胃の痛むような日々が続きました。

そりゃそうですよね。口座を開くたびに目に入ってくるのは、マイナスポジション（含み損のある取引き）ばかり。

一度、ちゃんとリセットしないと次のステージに進めない。そう思った私は、少しずつポジションを決済し、損を確定させていきました。すべて手仕舞ったとき、それまで稼いできた分以上のものがなくなっていました。


でも、これがいい薬になりました。この経験こそが、私のトレードスタイルを大きく変えるきっかけになったからです。

いままでの安易なやり方では勝てないことに気づき、本気で勉強する気になったのも大きな変化でした。

ＦＸはもうやめよう、という考えは浮かびませんでした。専業主婦で子育てしながらでも在宅で稼げる。その手ごたえを経験したからには簡単にはやめられません！

ちゃんと勉強すれば大丈夫、という妙な自信もありました。

これがもし、始めていきなり大損していたら、やめていたかもしれません。失敗するタイミングが良かったという意味では、運があるのかもしれません。

さっそく、ＦＸについての本やチャートの本をいろいろ買ってきました。数冊ずつ買って、読み終わったらまた買って、という感じで20冊ほど目を通したでしょうか。商材も買いました。

わずかなつてを頼りに、ＦＸの世界では有名な凄腕トレーダーの方に会いに行ったりもしました。

とにかく、なんとか勝てるようになりたいと必死でした。

そうやってもがいているうちに段々、自分なりのルールが固まってきたのです。一番大きかったのは、「損切り」を徹底するようになったことです。

「買い」や「売り」の注文（エントリー）を入れるとき、「ここまで損したら決済する」というラインを一緒に設定（仮注文）しておくのです。相場の動きが自分の狙いと逆に動いたときは、損失が出ますが、このあらかじめ設定したラインで自動的に止まるわけです。

もちろん、すぐできるようになったわけではありません。

はじめのうちは、損を確定させることに抵抗があり、なかなか徹底することができず、入れたり入れなかったりという感じでした。そうすると、やはり損が大きくなりがちなのです。

誰だってエントリーするときは、きっと相場は自分のポジションに有利なほうへ動くだろうという楽観的なシナリオが頭にあります。逆に動いても「まあ、いずれ戻るだろう」「スワップ金利も入るんだし」などと考えてしまいます。

この「いずれ戻るだろう」という感覚がクセモノなのです。

損切りが大事と分かっているけどできないという状態から、躊躇なくできるようになるまでに3ヶ月ぐらいかかりました。

でも、こうやって自分なりのルールができてくると、不思議なことにコンスタントに勝てるようになってきたのです。損切りについては、124ページで詳しくお話しします。

なんのためにFXをするのか？

なんのためにFXをするのかは、人それぞれです。その人が何を望むかによるのではないでしょうか。

特に女性の場合、私を含めてほとんどは億万長者になりたいわけではありません。主婦の方に伺うとたとえば、お米を買うにしても、安売りのお米じゃなくて、コシヒカリとかササニシキとかそういう〝ちょっと良い〟お米を日常的に買えるようになりたい。コーヒーも、スーパーの安売りパックじゃなくて、コーヒー専門店で挽いてもらった粉で飲みたい。生活のレベルをほんの少しアップさせたい。自分のおこづかいがもう少し欲しいという方が多いように感じます。

自宅で家事や子育てをしながら月に5～10万円、余裕資金を確保できたら、気持ちも生活もちょっと変わります。女性の場合、それで満足という方も多いのです。

ただ、知り合いの中には、ご主人の会社がトラブルに見舞われ、家族の生活費や借金の返済のためFXを始めた方がいます。お子さんも2人いて、本当に家族の生活をしょってFXに挑戦したのです。

元手は、お子さんの学資保険を解約したりして1000万円を用意。自分なりに勉強して、いまでは月200万円から500万円くらい稼いでいます。

彼女も専業主婦ですが、やろうと思えばそれぐらいできるんです！

ほかにも、「娘にバイオリンやバレエを習わせたいけど、お月謝が高くて普通のサラリーマンの家庭には厳しいのよ」と嘆いている主婦の方がいました。

私が「お月謝ぐらいなら、ＦＸで稼げると思うけど」と言ったらとても興味を持ち、積極的に勉強を始めてＦＸデビューしました。一度、強制決済にあったようですがあきらめず、いまではＦＸの利益で娘さんだけでなく、ご自分もバイオリンを習いに行って、充実した毎日を送っています。彼女は夜中、赤ちゃんに授乳しながらのトレードでも結構稼いでいるようで、「ＦＸのおかげで、夜中の授乳タイムが苦痛から楽しみに変わったのよ！」なんておっしゃっていました。

こんな方もいました。ご主人がすごいパチンコ好きで、彼女はそれをやめてほしいと願っていました。しょっちゅう頼むのですが、ご主人は馬耳東風。よくそれで夫婦げんかをしていたそうです。

ところが、彼女がＦＸで毎日1万円ぐらいコンスタントに勝つようになって「きょうも1万円稼いだのよ」とご主人に報告していたら、そのうち「なんだかもう、パチンコするのが心底ばからしくなった」と言って、パチンコから足を洗って夫婦円満になったそうです。

図3 FX、みんなこんな気持ちで始めています

自分のおこづかいがもう少し欲しい
もっと美味しいコーヒーを飲みたい
娘のバイオリンやバレエのお月謝分を稼ぎたい
子育てしながら月5〜10万円余裕資金を確保したい
子供を育てていく経済力が自分にあるんだという自信が持てました

もちろん、良い話ばかりではありません。

自分の貯金とご主人の貯金を合わせて６００万円、ＦＸでなくしたという方もいます。ご主人に内緒でやっていて、負けが続いたのでそれを早く取り戻そうと焦ったのでしょう。１回の注文金額を増やし、さらに損を広げるという悪循環にはまってしまったようでした。

彼女のことを以前、私のブログで紹介したら、励ましや応援、アドバイスのコメントがとてもたくさん寄せられました。たくさんの方に応援され、元気づけられ、ひとつひとつのコメントに丁寧に対応している彼女の姿は印象的でした。

ご主人に内緒でやっている奥さん、奥さんに内緒でやっているご主人は案外多いようです。そういう場合、勝っているときは良くても、負け始めると精神的に追い詰められてしまいます。**30万円程度の自分のお小遣いで始めることも十分可能ですが、夫婦でためているお金を元手にするのなら、夫婦の間でオープンにしてやるべきでしょう。**

私の場合、最初にもお話ししたように、**経済的な自立への強い思いがFXを始めたそもそものきっかけでした。**いまでは、毎月１００万円を目標にトレードをしていて、多い少ないはありますが、毎月プラス収支でクリアできています。

その結果どうなったかというと、何より子供を育てていく経済力が自分にあるんだという自信が持てました。また、普段の買い物での選択肢がずいぶん広がりました。実際に買うかどうかは別として、お金がないから我慢しないといけない、という意識はなくなりました。さらに、以前はブランド物が大好きで、そういうものを身に着けていないと不安だったのですが、それが消えました。

まさに、**ＦＸが人生を変えてくれたという感じです。**

今後、ＦＸである程度まとまった資金ができたら、不動産投資など別の投資を組み合わせて、より安定した収入を確保したいと考えています。そして、年金問題なんて気にせずに、自分らしく輝き続ける人生を送りたい！

それがいまの、私の夢です。

私の身の上話はこれくらいにして、さっそくＦＸの世界への扉を開けてみましょう。

第3章

元手100万円で月100万円稼ぐ、5つの必勝ステップ…93

第4章

損する人、失敗する人には共通点がある…143

第5章

会社選び、気の合う仲間との交流も勝ち続けるための鍵…159

第6章 何より大事なのは、自分に合った投資手法を見つけること！

おわりに FXでハッピーになるための万友美流10カ条

第1章

FXは決して怖くない。むしろ女性向きの投資です

1 ＦＸ（外国為替証拠金取引）とは何か？

ＦＸはForeign Exchangeの略です。そのまま訳せば、「外国為替」（がいこくかわせ）のこと。みなさんご存知のように、外国旅行に行くとき、円を現地の通貨と交換する、あれが外国為替ですね。

通貨と通貨を交換するレートは、毎日変わっています。たとえば、「円高」とか「円安」という言葉を聞いたことがあるでしょう。「円高」というのは、他の国の通貨に対して、円が高くなること。「円安」はその逆です。

もし、１ドル＝１２０円が1ドル＝１１９円になったら…。

円が少なくなるから「円安」、ではないですよね。１ドルを手に入れるのに、１２０円必要だったのが１１９円で済むのですから、差し引き1円お得になっていますね。だから、「円高」です。

つまり、**「円高」とは、より少ない円で他の通貨と交換できること、「円安」とは、他の通貨と交換するのにより多くの円が必要なこと、といえます。**

図4　「円高」「円安」ってどういうこと?

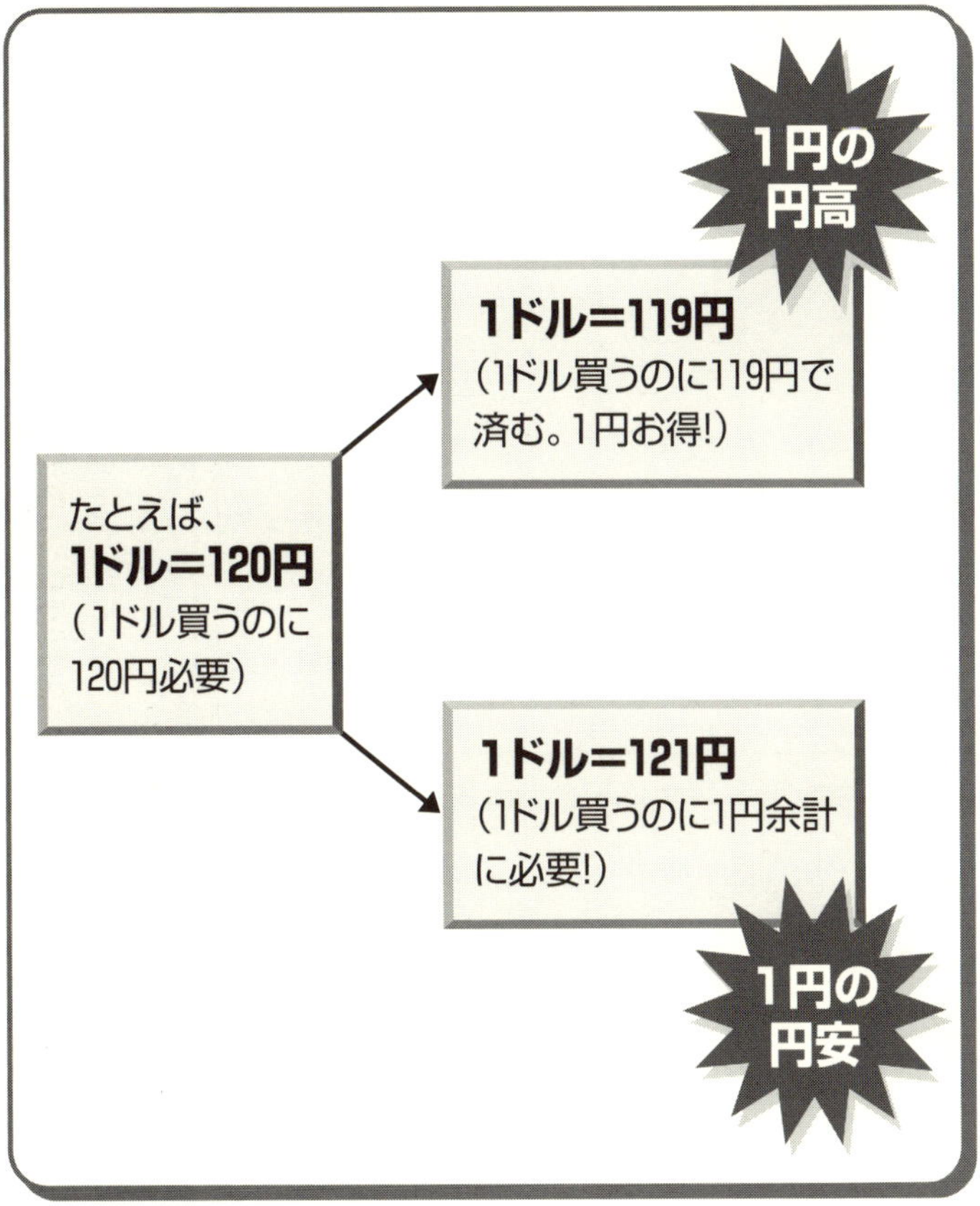
たとえば、
1ドル=120円
（1ドル買うのに120円必要）
1ドル=119円
（1ドル買うのに119円で済む。1円お得!）
1円の円高
1ドル=121円
（1ドル買うのに1円余計に必要!）
1円の円安

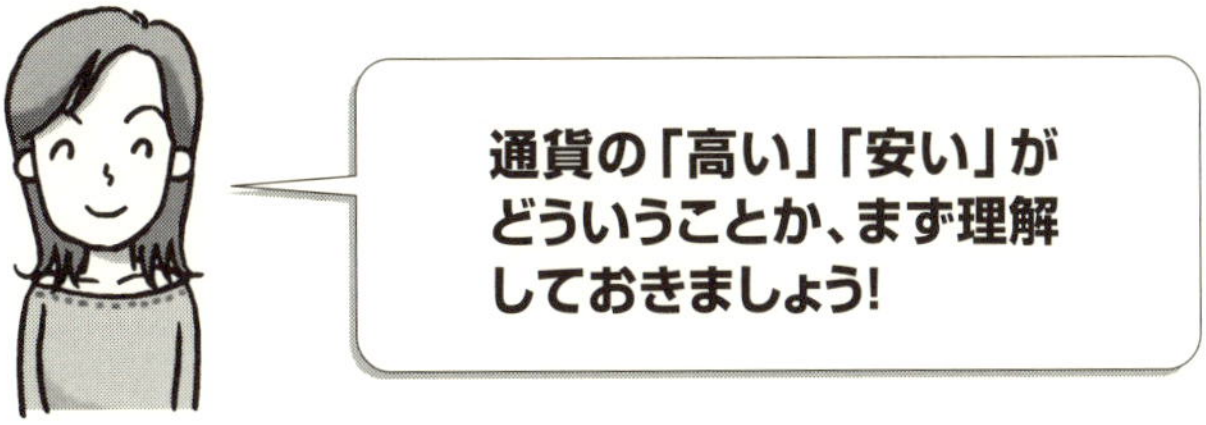
通貨の「高い」「安い」がどういうことか、まず理解しておきましょう!

図5　FXはなぜ儲かるのか

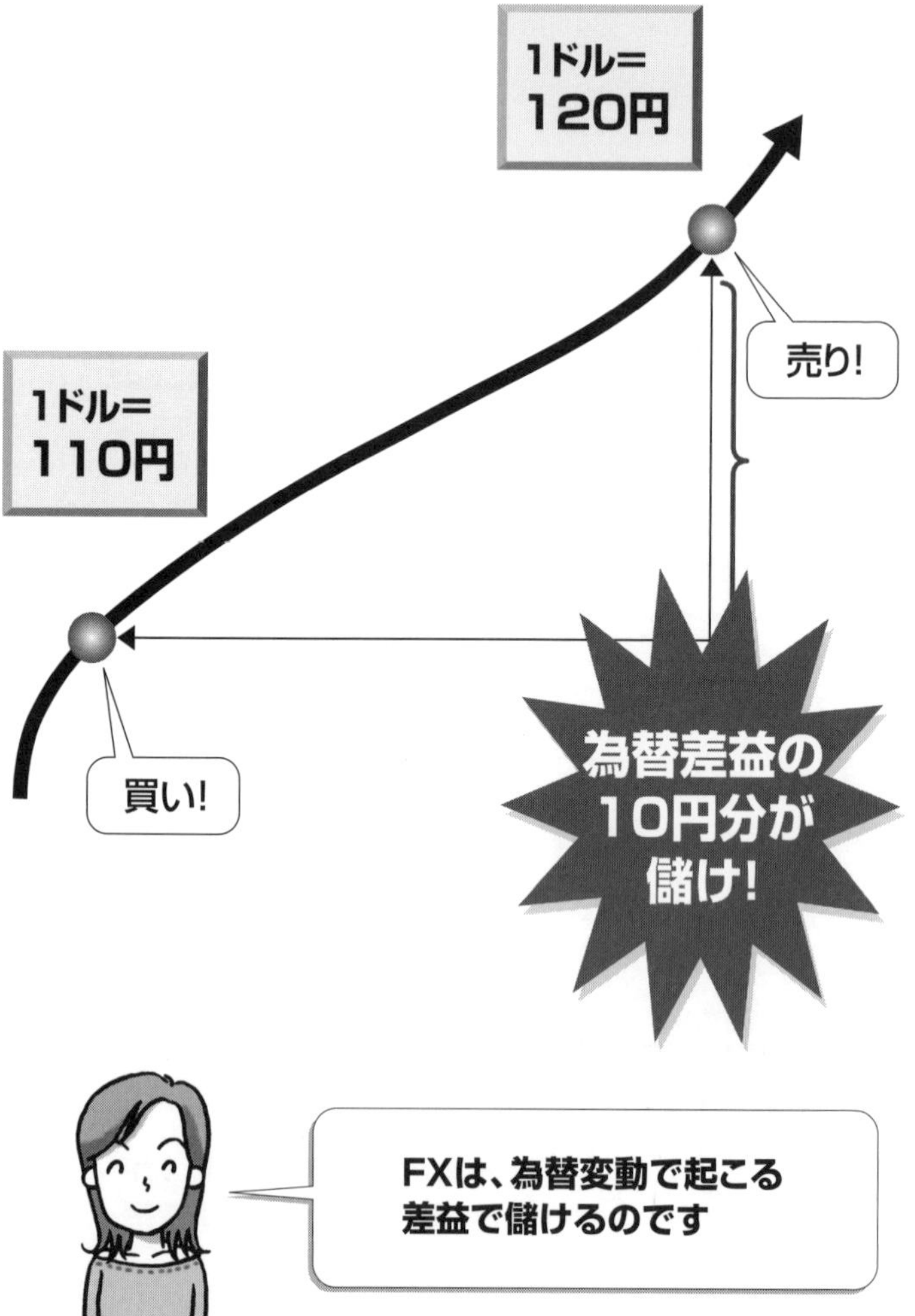
1ドル=
120円
売り!
1ドル=
110円
買い!
為替差益の
10円分が
儲け!
FXは、為替変動で起こる
差益で儲けるのです

円の価値が上がったか、下がったかが問題なわけです。一度分かってしまえばなんでもないことですが、最初はつまずくかもしれません。ここはしっかり理解できるようになってください。

さて、ＦＸでは、ある通貨が、他の通貨に対して「高くなる」のか「安くなる」のかを予想し、高くなるだろう通貨は「買い」、安くなるだろう通貨は「売り（カラ売り）」の注文を出します。そして、予想通りに動いたら、買った通貨は「売り」、売った通貨は「買い（買い戻し）」により決済するのです。

話はとても単純です。**高くなるだろう通貨は「買い」、安くなるだろう通貨は「売り（カラ売り）」**。**分かりますよね。**その単純なことがなかなか難しいのですが…。でも、普通の専業主婦の私にもできるのですから、みなさんにできないはずはありません。

2 外国為替市場はどこにある?

ところで、外国為替の取引きが行われるところが、「外国為替市場」です。

こういうと、**株式と同じような取引所（建物）があるイメージを持ちますが、実は「外国為替」には基本的に取引所はありません。**

そうではなく、東京、ニューヨーク、ロンドンなどで平日、銀行の間で1対1で行われる通貨の取引き（インターバンク市場）を比喩的に「市場」といっているのです。

こうした銀行間取引きは時差の違いに合わせて、世界中をぐるっと回ります。つまり、外国為替市場というのは世界中の都市を順につなぎながら24時間行われる、巨大なネットワークのことなんですね。

以前、日本ではこうした外国為替を行えるのは、政府の許可を受けた銀行に限られていました。いまでも、大きな取引きができるのは実質上は特定の銀行、金融機関に限られます。

しかし、**1998年（平成10年）に法律が改正され、誰でも自由に外国為替業務が行えるようになり、それとともに個人投資家を対象とする「外国為替証拠金取引」という新し**

図6 主要な外国為替市場の取引時間(日本時間、夏の場合)

❶	ウェリントン(ニュージーランド)	4:00〜12:00
❷	シドニー(オーストラリア)	7:00〜16:00
❸	東京(日本)	9:00〜17:00
❹	シンガポール(シンガポール)	10:00〜19:00
❺	ロンドン(イギリス)	17:00〜翌日3:00 (冬は1時間遅れ)
❻	ニューヨーク(アメリカ)	22:00〜翌日7:00 (冬は1時間遅れ)

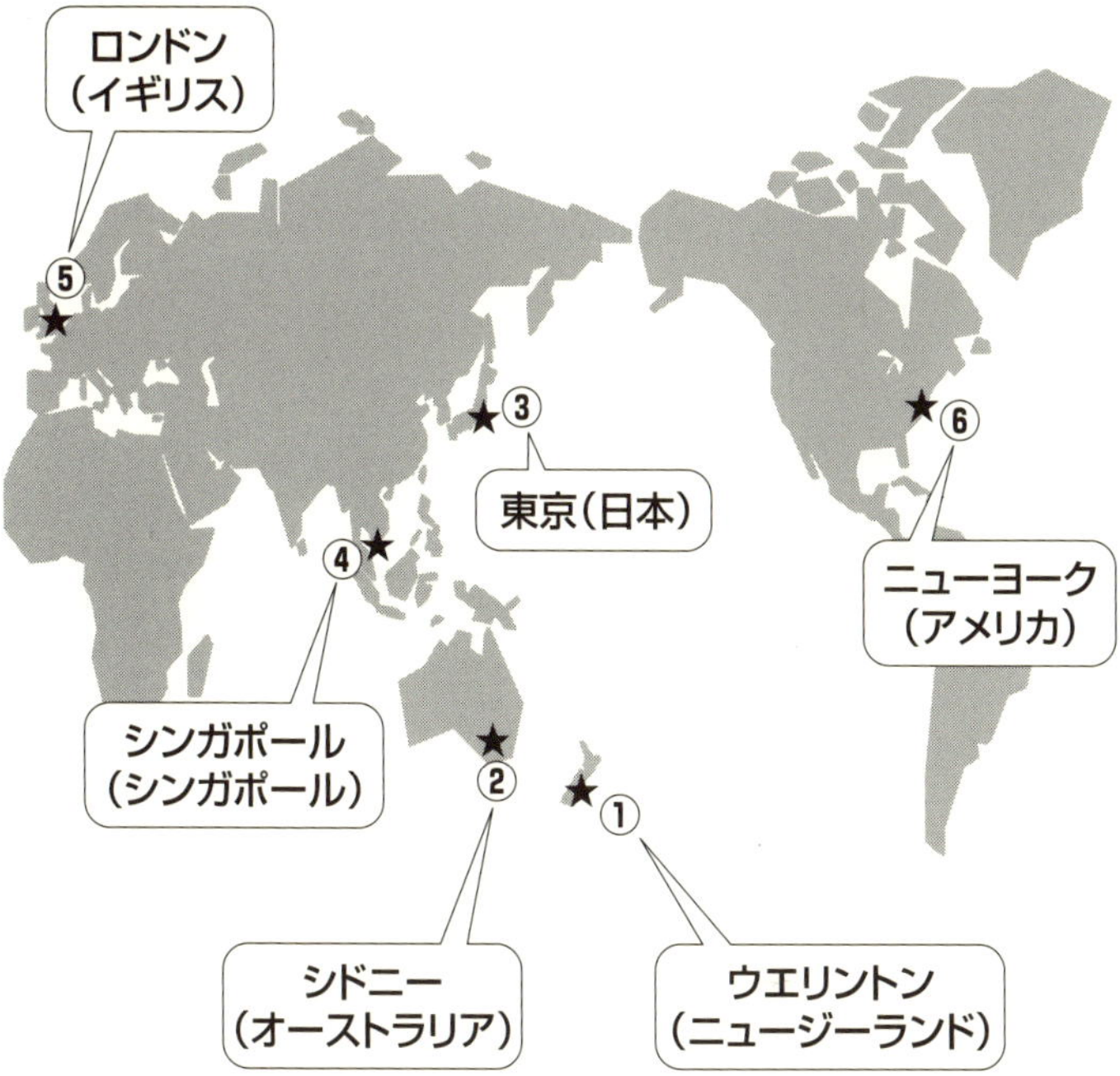

い商品ができました。

ただ、怪しげな会社も中にはあって、個人投資家が騙されるトラブルなども起こりました。そうしたトラブルが新聞などで取り上げられ、「FXは怖い」というイメージを持った方も多いでしょう。

そこで、2005年に法律が改正され、FX会社は登録制となって金融庁の監督下に置かれました。このとき、400社ほどあったFX会社は100社ほどに減ったそうです。

現在はまた200社以上に増えていますが、しつこく勧誘したり、「絶対儲かります」といった説明をしたりすることや電話での勧誘は法律で禁止されています。広告では必ず手数料やリスクなどについて表示すること、契約を結ぶ前や証拠金を受け取ったときは書面を交付することなどが義務付けられています。また、自己資本比率といって、会社の資本金などを一定の割合に保つ規制などもあり、悪質な会社はかなり減ったようです。

それでも、トラブルが完全になくなったわけではありません。FX会社の選び方については、また後でお話ししましょう。

3 FXの魅力とは?

FXは決して魔法の杖ではありません。甘く考えていると、大きな損失を出す可能性があります。

では、FXは投資に慣れたプロ向けで、素人は手を出さないほうがいいのでしょうか。

いいえ。私は、そうは思いません。

むしろ、私のようにもともと投資は素人、という方が向いているかもしれません。

第1の理由は、こういうと誤解を招くかもしれませんが、**投資の経験がなくても十分、始められることです。**私が良い例ですが、先入観なく素直に取り組むほうが良い結果が出たりします。

投資には、株式、債券、金、商品先物、投資信託などいろいろあります。中でもポピュラーなのは、株式でしょう。ところが、株式を長くやっている方がFXをやると、「難しい」とおっしゃいます。それは多分、株式のやり方とFXのやり方では、微妙に違うところがあるからだと思います。ついつい、株式のやり方でFXをやると、うまくいかないということなのでしょう。

それに比べ、素人はゼロからのスタートです。先入観なく、FXを集中して勉強すれば、どんどんうまくなる可能性があります。

それに、私が主にやっている「デイトレ」という手法は、難しい理論や情報収集・分析などは、ほとんどいりません。基本は、チャート（の見方）です。その技術を磨くことが勝つコツです。ある意味、シンプルなので誰にでもできますし、その分、奥が深いともいえます。

FXが素人向きだと思う第2の理由は、**少ない金額で始められることです。**

たとえば、現物の株式投資をしようと思うと、人気の大型株なら1銘柄、100万円くらいすぐ必要になります。ひとつの銘柄にだけ投資するのは危険だということで、分散投資しようとすると、たちまち数百万円の資金がいります。

しかも、現物株の場合は一度買うと、おそらく数ヶ月から長ければ数年以上持ち続けることになるでしょう。その分、資金が寝ることになり、よほど余裕資金がないと、十分なリターンは期待できません。

少額から始められる「ミニ株」などもありますが、気長にコツコツ積み立てていくという意味では、やはり長期投資向きです。

図7　FXが素人向きだと思う理由

1. 経験があまりなくてもできる（むしろ先入観がなくてよい）
2. 少ない金額で始められる
3. 効率よくできる（レバレッジ効果）
4. 株のような膨大な銘柄選びが不要
5. デモトレード（バーチャル取引き）で練習できる

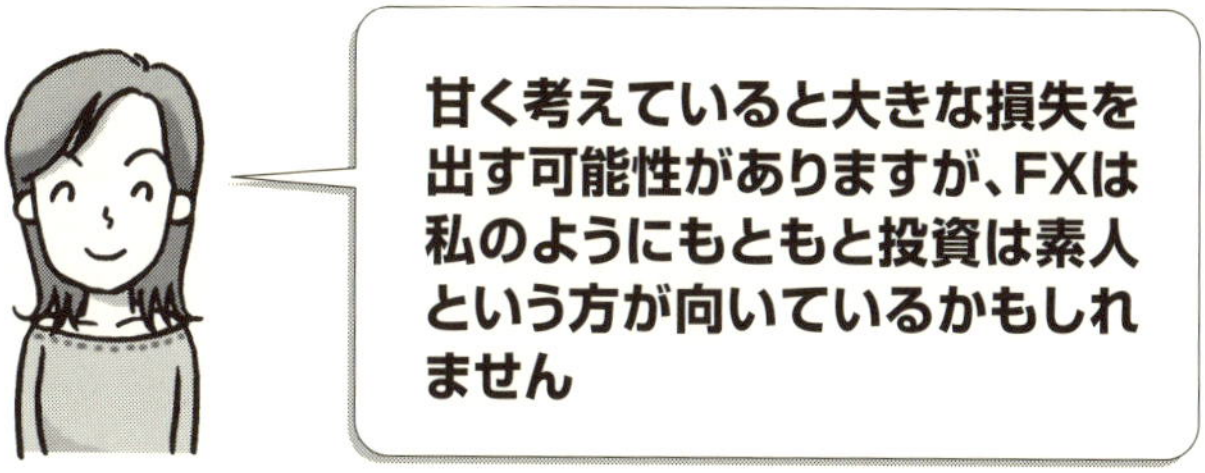
甘く考えていると大きな損失を出す可能性がありますが、FXは私のようにもともと投資は素人という方が向いているかもしれません

それに対してFXは、50万円程度の証拠金で始めることができます。会社によっては30万円とか、中には5万円から始められるところもあります。

もちろん、あまり少額では投資効率は期待できませんが、それでもすぐ始められるということは大きなメリットだと思います。

第3の理由として、**FXでは「レバレッジ」といって、口座に預けたお金の何倍、何十倍もの金額の取引きをすることができるのです。**たとえば、レバレッジ100倍の口座に10万円を証拠金として差し入れると、最大でその100倍、1000万円分の取引きができます。

この場合、1000万円は業者から借りる形をとり、決済するときにプラス・マイナスの差額分だけ受け取ったり、支払ったりします。

1000万円の取引きですから、ほんの少しレートが動いても、大きく儲かったり、損したりします。

FXでは、私の失敗談で少し触れたように金利の低い通貨を売って、金利の高い通貨を買うと**「スワップ金利」**が発生します。このスワップ金利も、やはりレバレッジ効果で大きく膨らみます（詳しくは59ページで）。

図8 レバレッジ効果とは何か?

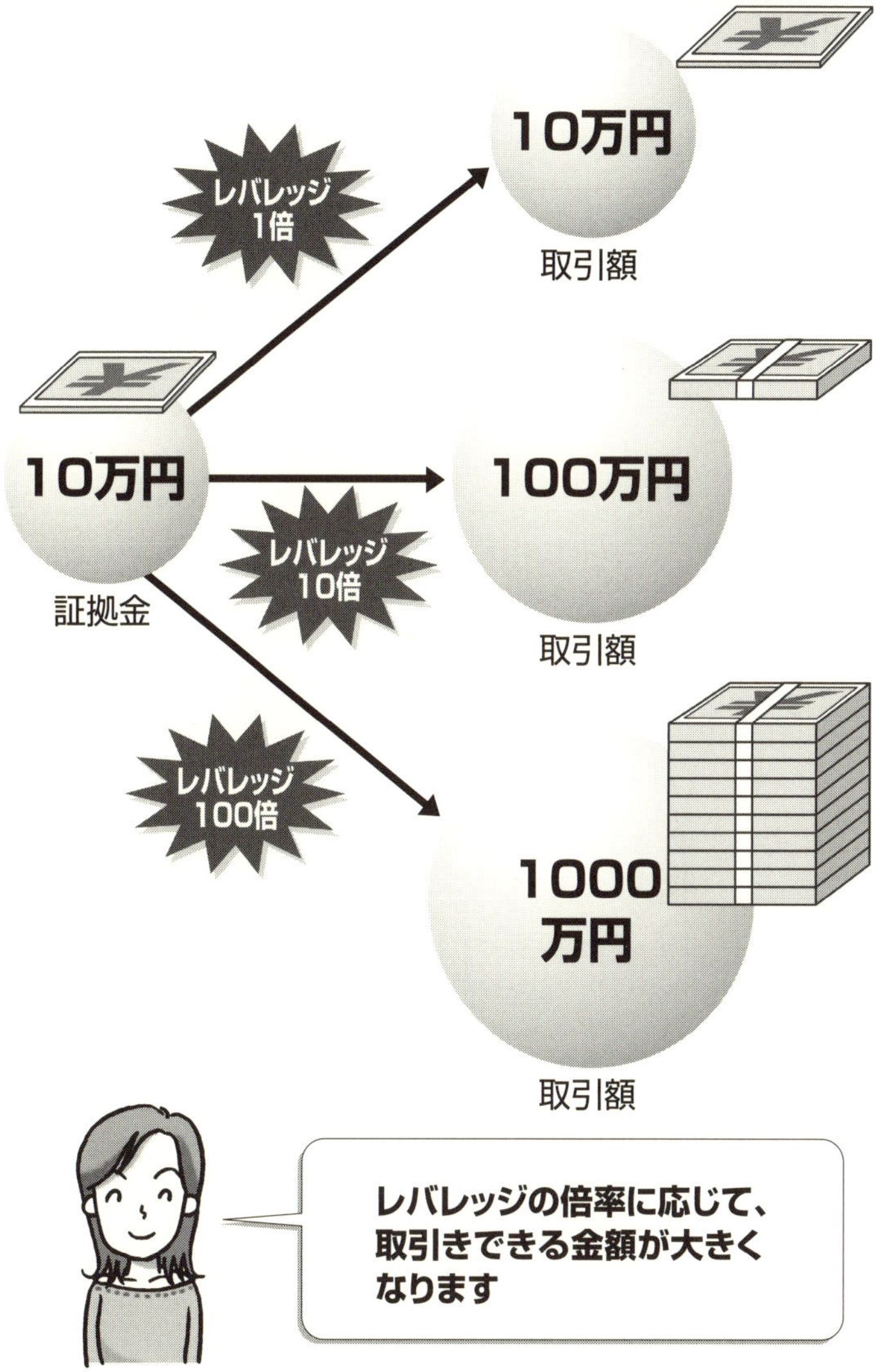

なお、株式の信用取引も、同じようにレバレッジがかかりますが、自己資金の3倍程度までが多いようです。それに対してFXでは、100倍や200倍、最高はいま400倍まであります。

このように、FXは比較的少ない元手で効率よく稼げる可能性があります。これも、自己資金が少ない素人にとっては、大きな魅力だといえるでしょう。

第4の理由として、**株式との比較になりますが、投資対象の選択がそれほど面倒ではありません。**株式では何百、何千とある銘柄から投資する先を選ばなければなりませんが、FXでは主要通貨ペアはせいぜい10から20です。毎日、チェックするのも簡単です。

私は株はやったことがありませんが、銘柄がたくさんありすぎて、どれを選べばいいのか分からないと思います。

それに、特に新興市場はどういう理由で株価が動いているのか、よく分からない印象があります。インサイダー取引などの事件も繰り返しありますよね。

個人的な偏見かもしれませんが、株式（全部の株式ということではありません）は何か裏で不正が起こりやすいというようなイメージがあるのです。

それに比べて、外国為替は先ほども説明したように、世界中の都市をつないだ巨大なマ

図9　株はちょっと苦手!

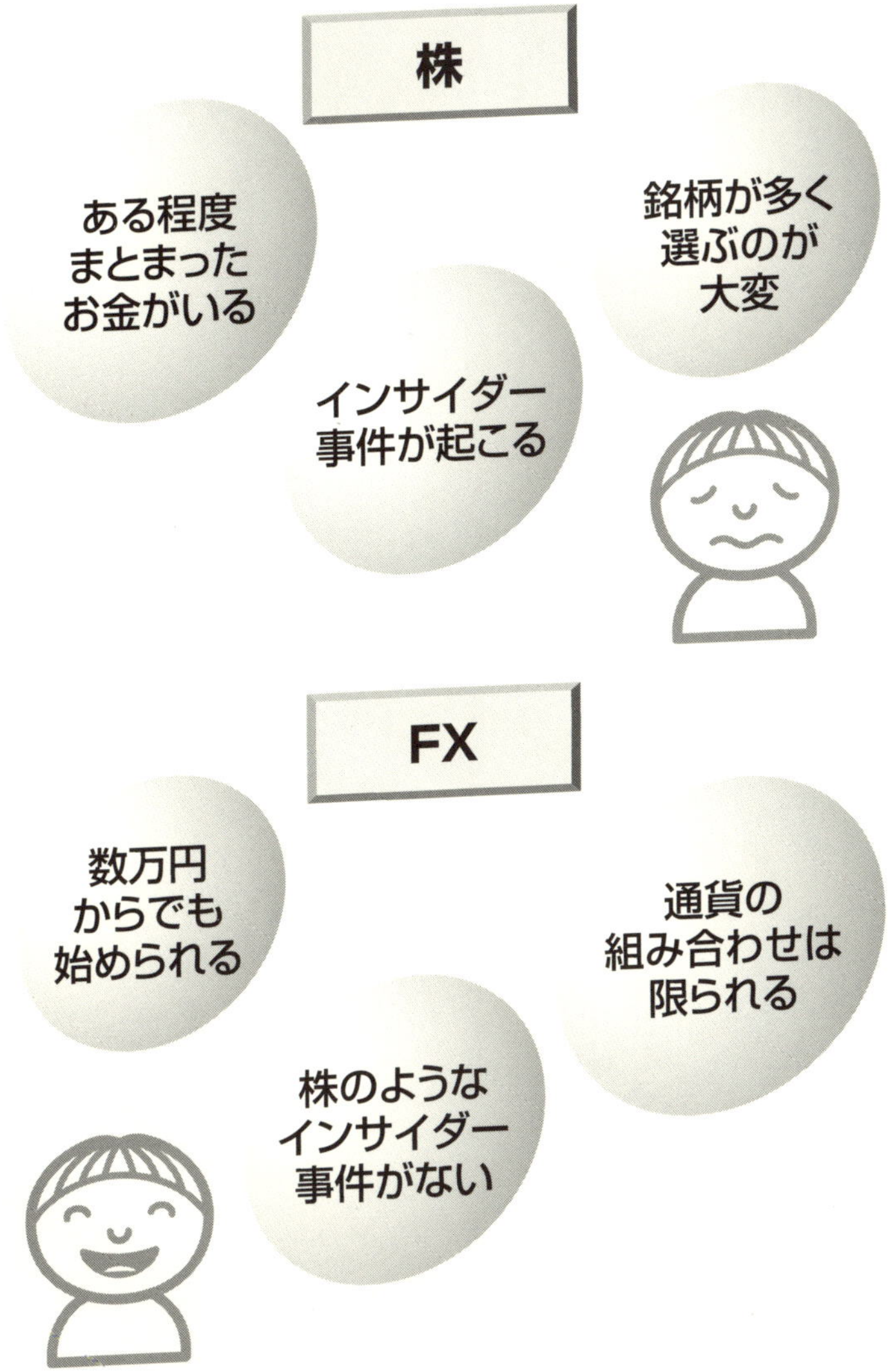
株
ある程度
まとまった
お金がいる
インサイダー
事件が起こる
銘柄が多く
選ぶのが
大変
FX
数万円
からでも
始められる
株のような
インサイダー
事件がない
通貨の
組み合わせは
限られる

ーケットです。レートを意識的に動かそうと思っても簡単に動かせるようなものではなく、その分、公平だと思います。

さらに第5の理由として、**ＦＸではデモトレード（バーチャル取引き）で練習できる会社がたくさんあります。**株式や株の先物取引きで、そうしたデモトレードができるところはほとんどないのではないでしょうか。デモトレードである程度経験を積んでから実際のリアルトレードを行えるのは、素人には大きなメリットです。

もちろん、こうした点は時としてマイナスの影響を及ぼすこともあります。**投資に「絶対安全」はありえません。**そのため、私のまわりにも、ＦＸに興味を持ち、いろいろ勉強してはいるものの、最初の一歩が踏み出せないという方もいます。それはそれで、仕方ないのですが、**大事なことは、どんなリスクがあるのかを知って、それをコントロールすること。**それができれば、ＦＸはとても魅力的な投資になるのです。

それぞれの会社で条件は異なりますが、含み損が一定割合以上になると、強制決済といって取引きをすべて会社側の判断で終了させてしまうこともあります。強制決済などというと、怖いイメージを持たれるかもしれませんが、逆にいうと、「大損しないための安全装置」ともいえますし、そういう仕組みを用意しているFX会社のほうが安心です。

余裕資金でやってみて、読みがはずれて強制決済されたらそこで一旦リセット。もう一度、余裕資金をためてチャレンジすればいいのです。大きなマイナスが残って立ち直れないダメージを受けるという危険が少ないのも、素人向きといえるかもしれません。

④ どうやってリスクをコントロールするのか？

では、FXにはどんなリスクがあるのでしょうか。よくいわれるのは、次の5つです。

まず、相場が自分の想定とは逆の方向に大きく動いた場合、取引きで損失が発生する可能性があります。これを**「相場変動リスク」**と呼びます。

ただ、いまもお話ししたように、FX会社によっては、一定以上含み損が膨らむと決済するかそのまま続けるかを聞いてきたり（これを「マージンコール」といいます）、強制的に決済を行ったりする（これを「強制決済」といいます）ことがあります。

次に、ＦＸでは、買っている通貨と売っている通貨の金利差の調整額（スワップ金利）が毎日、発生します。

しかし、このスワップ金利は状況によって変わるため、それを狙っていたのに付かなくなったり、あるいは逆に負担しなければならなくなることもあります。これを**「金利変動リスク」**と呼びます。

さらに、通貨ごとの金利が大きく動くと、それが理由で為替相場自体が大きく変動する場合があります。

また、市場の混乱で通貨の売買が一時的に難しくなり、その間に相場が大きく動いて損失が膨らんでしまうことがあります。これを**「流動性リスク」**と呼びます。

アメリカ、日本、ＥＵなど主要国の通貨であれば、まずそういうことはありませんが、それでも大地震や戦争などの際にはどうなるか分かりません。新興国の通貨では、政治的、経済的な状況によっては、より発生する確率は高いといえるでしょう。

さらに、取引きしているＦＸの会社が倒産したりすることがあります。これを**「信用リスク」**と呼びます。

図10　FXの5つのリスク

❶ 相場変動リスク

相場が自分の読みとは逆に動いて損をする

❷ 金利変動リスク

スワップ金利が大きく変わり損をする

❸ 流動性リスク

市場の混乱などで取引きが一時的にできなくなり損をする

❹ 信用リスク

取引きしているFX会社がつぶれて証拠金が戻ってこない

❺ システムリスク

コンピュータシステムやパソコンの不具合で取引きが一時的にできなくなり損をする

ＦＸは基本的にＦＸ会社との間での取引きです。取引きの注文は外国為替市場につながれるとしても、証拠金そのものはＦＸ業者に預けています。

現在、「信託保全」といって、信託銀行に証拠金を、ＦＸ会社の資金とは分けて保管しているケースもありますが、証拠金の全額が対象となっているとは限りませんし、全部のＦＸ会社がそうしているとも限りません。

したがって、ＦＸ会社が倒産すると、預けていた証拠金が戻ってこない危険があります。その意味でも、ＦＸ会社の選択は非常に重要です。


もうひとつ、ＦＸ会社との取引きに使うシステムなどにトラブルが発生し、売買の注文が一時的にできなくなり、その間に損失が膨らむリスクがあります。これを「**システムリスク**」と呼びます。

現在、ＦＸの取引きは、インターネットを利用し、パソコンの画面上で行うのが主流になっています。そのためのシステムを各社、利用者に提供しているのですが、システムの不都合がないとはいえません。

また、自分が使っているパソコンの調子がおかしくなったり、通信回線がなんらかの事情でつながりにくくなったりすることも考えられるでしょう。

以上のようなリスクをどうやってコントロールすればいいのでしょうか。

私は「損切り」を徹底させることが最大の対策だと思っています。ＦＸのリスクというのはつまるところ、予想に反して損失が大きく膨らむことです（当たり前ですね）。

それを避けるには、「売り」や「買い」の注文を出す際に、予め「ストップ」と呼ばれる仮注文を必ず出しておくのです。

詳しくは第2章で説明します。

5 ＦＸは女性向き?

ＦＸは素人に向いていて、リスクコントロールさえしっかりできれば、魅力的だと申し上げました。

さらにいえば私は、ＦＸは女性向きの投資だと思っています。

第1に、先ほども申し上げたように、**ＦＸは比較的少ない資金から始められ、しかも効率よく稼げる可能性があります。**証拠金の最低額はＦＸ業者によっていろいろですが、30

万円くらい、少ないケースでは5万円からスタートできるところもあります。
これくらいなら、主婦でも自分の貯金やヘソクリで用意できるのではないでしょうか（ただし、必ず余裕資金で始めることをお勧めします）。

第2に、**FXは自宅にいながら、わずかな時間でできます。**

実は、FXに出合う前に私が入ったアフィリエイトの塾でも、主婦の方がとてもたくさんいました。みなさんおそらく、自分でお金を稼ぐ方法、それも家にいながらできることを探していたのだと思います。

FXは、そういう自宅でパソコンを使って稼ぎたいという方には、とても向いているのです。1日数時間、時間を決めて行うだけで十分なリターンを得られる可能性がありますし、週末の土日は市場がお休みになりますから、1週間のリズムにも合っています。

それに、アフィリエイトのようにホームページやブログ、メルマガなどを更新する膨大な作業がいりません。

第3に、**取引きする時間も自由に選べます。**平日は24時間取引きが可能ですから、子供が寝てから深夜に、あるいは早く起きて早朝に、あるいは家事がひと段落ついた昼すぎに、

図11　FXが女性向きだと思う理由

1. ヘソクリくらいの金額で始められる
2. 在宅で、子育てしながら家事の合間にでもできる
3. 好きな時間にできる（平日は24時間可能）
4. 新聞やテレビを見なくても大丈夫（経済音痴でもOK）
5. 貯金代わりにもできる（スワップ取引きの場合）

など自分の生活スタイルに合わせて行えるのです。

第4に、**割り切って相場の動きだけに集中すれば、FXでは十分勝てるのです。経済の知識がなくても、ニュースにうとくても、問題ありません。**

むしろ、専門家にいわせると、新聞に出たような情報はもう遅すぎ。新聞に出た時点で、その材料は終わっているのだそうです。

だから私は、新聞は読みません。FXの会社から出ているレポートとかメルマガを幾つかとって見ているだけです。それだけで、毎月100万円稼ぐことが十分できるのです。

さらに第5として、**為替の差益で稼ぐだけでなく、FXではスワップ金利を狙うという、貯金感覚の投資手法もあります。**

どうです、みなさん。少しは興味がわいてきましたか。

第2章

難しそうな「取引き」も、こうして始めれば大丈夫!

1 まずは、取引口座を開こう

それでは、ＦＸはどんなふうにやるのか。具体的な取引きの手続きについて見ていきましょう。

まずは、ＦＸの会社を選び、口座を開くところからです。

どの会社も通常、ホームページがあって、そこにアクセスすると「資料請求」とか「口座開設申し込み」といったコーナーが見つかるはずです。

「資料請求」すれば、申込書や資料を送ってくれます。それに必要事項を記入し、身分証明書のコピーを入れて返送します。

最近は、ネット上で申し込み手続きができる会社もあります。必要事項をネット上のフォームに書き込んで送信し、身分証明書はコピーしたデータをメールに添付して送るのです。ＦＡＸでもＯＫです。

申し込んでしばらくすると、口座を開設しましたという連絡がきます。そこで、指定の口座に証拠金を振り込むと、システムに入るためのＩＤとパスワードが送られてきます。ここまで終われば、いつでもＦＸの取引きをスタートできます。

図12　取引きを始めるまでの手続き

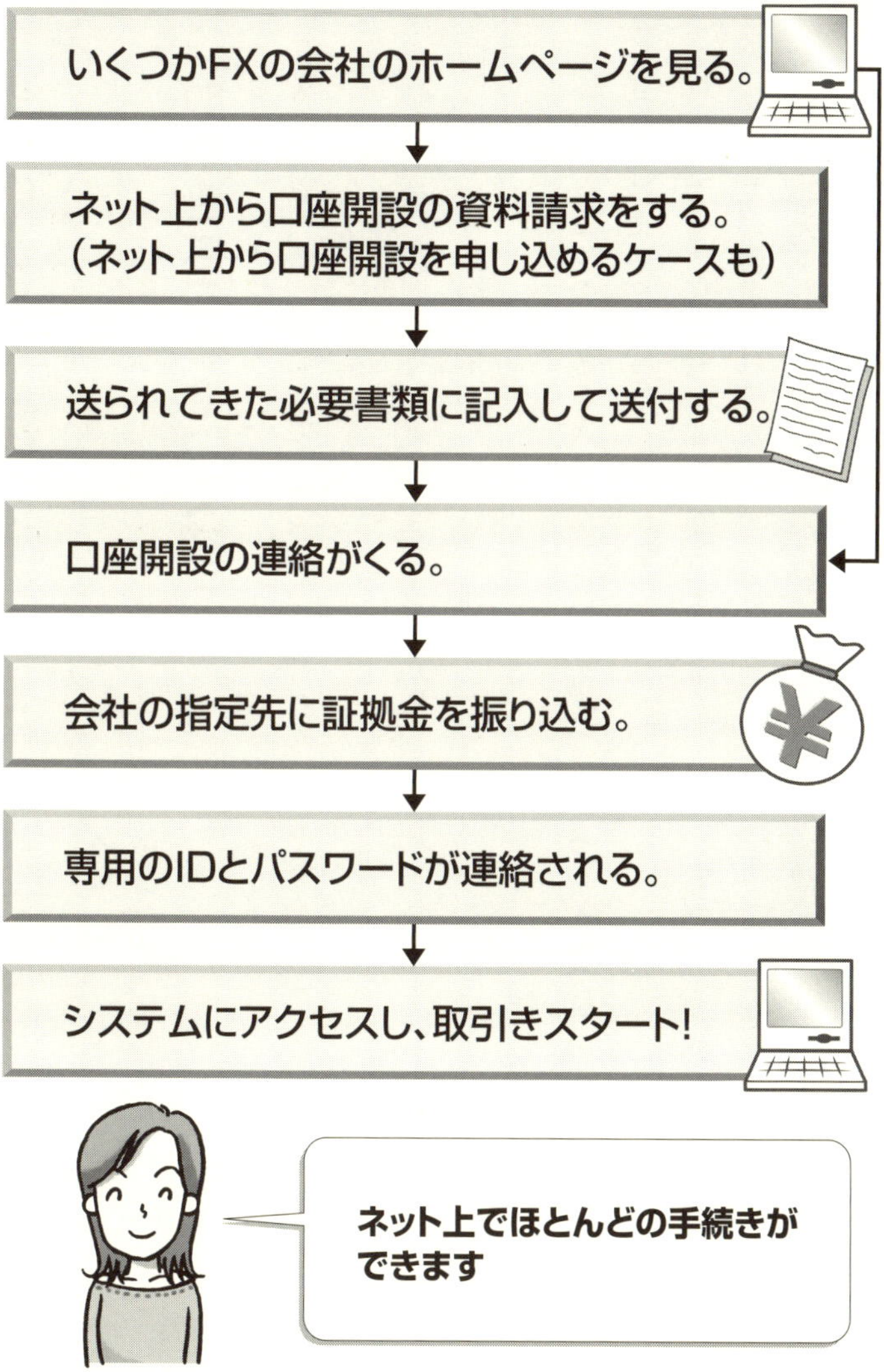
いくつかFXの会社のホームページを見る。
ネット上から口座開設の資料請求をする。
（ネット上から口座開設を申し込めるケースも）
送られてきた必要書類に記入して送付する。
口座開設の連絡がくる。
会社の指定先に証拠金を振り込む。
専用のIDとパスワードが連絡される。
システムにアクセスし、取引きスタート！
ネット上でほとんどの手続きができます

なお、私はいま、取引きの手法に応じて複数の会社に口座を開いています。最初は1つだけでもいいでしょうが、いずれ2つめ、3つめを開くといいと思います。

２ 取引きはこうやってする！

FXの「取引き」といっても、パソコンでどんなことをやっているのか、ご存じない方もいらっしゃるでしょう。

それを簡単に説明しておきますね。FX「取引き」のイメージを持っておくと、この本を読んでもらう際の理解が早いと思いますので。

まず、**パソコンの電源を入れ、次に口座を持っているFXの会社のトレード用プログラムを立ち上げます。**

このプログラムは会社によって違うのですが、大体、相場の値動きを示すチャートと口座の状況などが表示されます。

大事なのはチャートです。横軸が時間、縦軸が取引価格になっています。そこに、2色の棒線が並んでいます。これが「**ローソク足**」と呼ばれるものです。

図13　「取引きはこんな感じで」

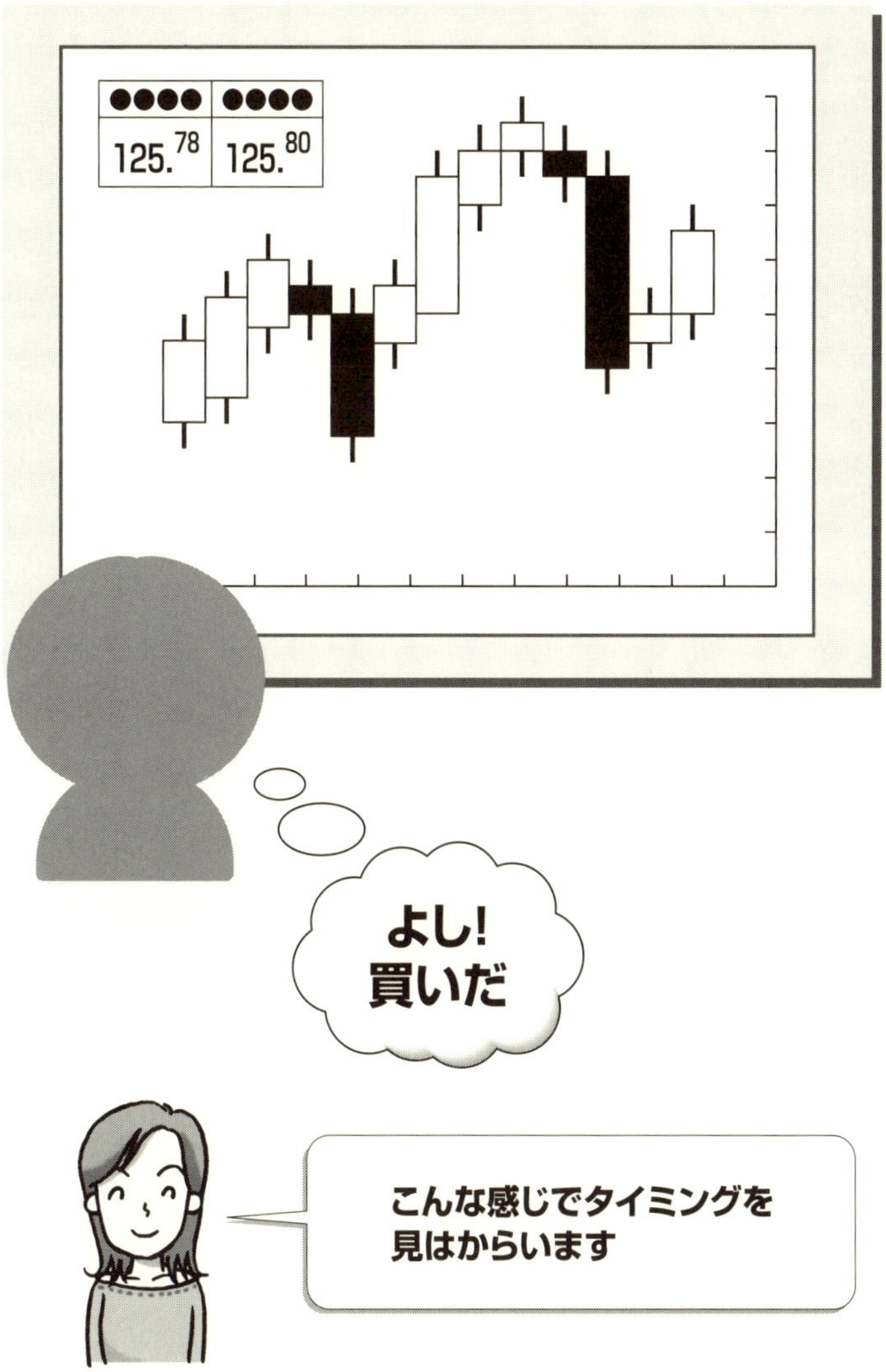
125.78
125.80
よし!
買いだ
こんな感じでタイミングを
見はからいます

この**「ローソク足」が市場での取引価格の動きを示していて、これを見ながら注文のタイミングを見はからいます。**

「注文」は、注文専用の小さな画面を呼び出し、必要な数値（いくらで、どれくらい買うのか、売るのかなど）を入力し、クリックして送信。数秒で会社のコンピューターが処理してくれます。

FXでは「買い」の注文のことを「ロング」、「売り」の注文のことを「ショート」といいます。

ロングまたはショートでエントリーした後、「これくらい利益があればいいかな」とか「これ以上、損失額を膨らませないようにしよう」と判断したタイミングで決済の注文を出して、その取引きは終了します。

「ロング」でエントリーした場合は、買った通貨が値上がりすれば利益が出ます。「ショート」でエントリーした場合は、売った通貨が値下がりすれば利益が出ます。

どうです？　簡単でしょ。

後は、この取引きを繰り返していくだけです。

図14　「ロング」と「ショート」の違い

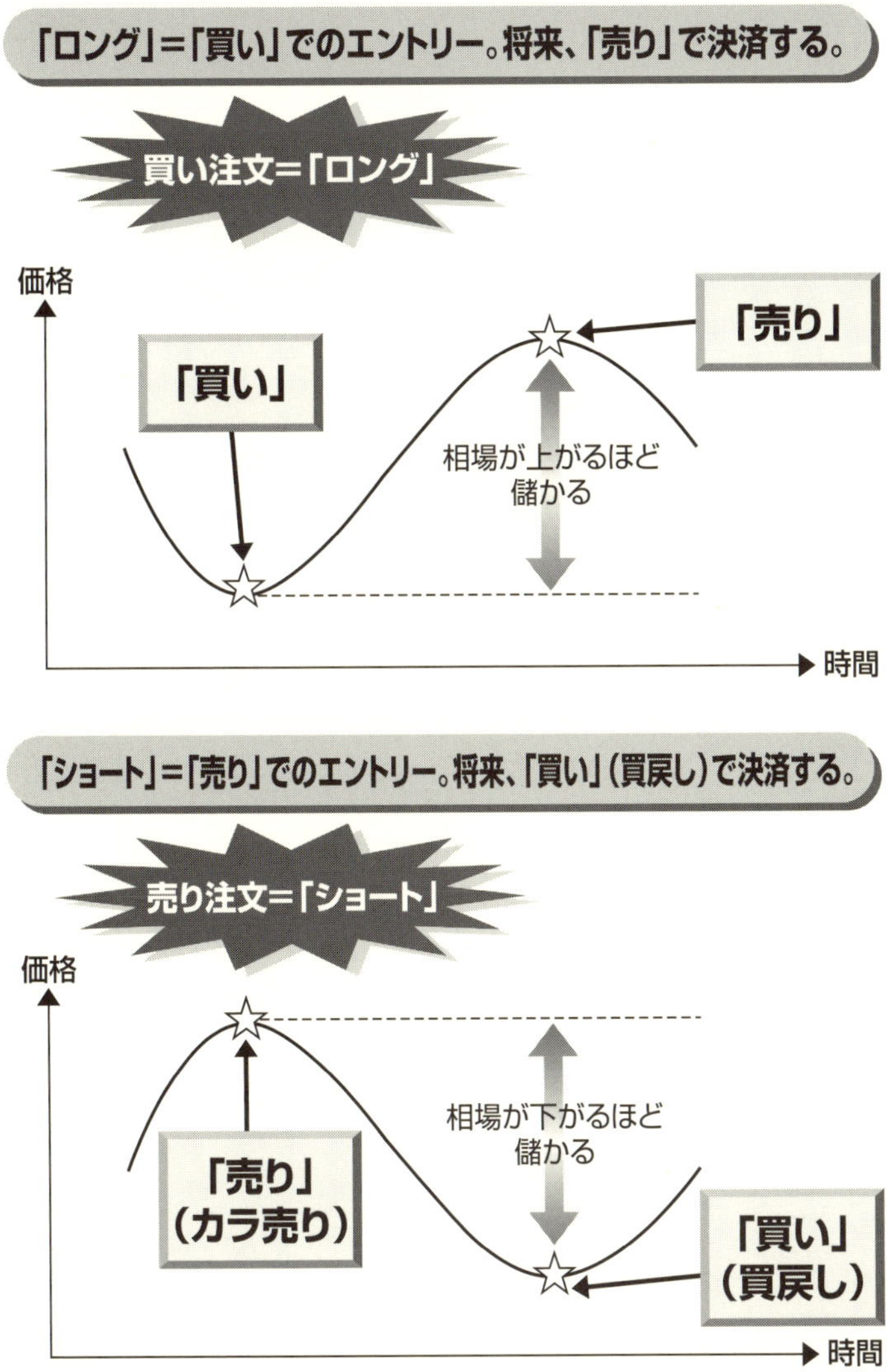

3 FX4つの取引手法とは?

FXの取引きには大きく分けて、

①スキャルピング
②デイトレード
③スイングトレード
④スワップトレード

という4つの手法があります。

スキャルピングは、相場の動き（上下）をリアルタイムで追いかけながら、数秒～数分単位で1回の取引きを終了するものです。

アメリカの景気動向など重要な経済指標が発表され（86ページ参照）、大きく相場が動くときなどに使います。

当然、パソコンの画面でチャートをじっと見ていなければならず、ここぞという瞬間、素早くマウスを押さないといけません。反射神経の勝負です。

図15　4つの投資手法はこんなもの

手法	1回の取引きの期間	狙い	メリット／デメリット
スキャルピング（スキャル）	数秒〜数分	為替差益	○短時間で決済するので、結果が早く出る ○ポジションを長く保有しないのでストレスが少ない ×パソコン画面に集中している必要がある ×1回で大きな利益は難しい
デイトレード（デイトレ）	数十分〜1日以内	為替差益	○1日という枠を設けるので、負けても仕切り直しがしやすい ○チャート中心で初心者にもやりやすい ×相場の流れを読む勘と経験が必要 ×単純で奥が深い
スイングトレード	数日〜数週間	為替差益（おまけでスワップ金利）	○あまり時間のとれない忙しい人でも可能 ×デイトレに比べ、利益も損失も大きくなりやすい
スワップトレード	数ヶ月〜	スワップ金利	○外貨預金より効率的 ×相場が大きく動くと金利分以上の為替差損が発生する

私は普段はしませんが、ちょっと頑張って稼ぎたいなというときはすることもあります。

デイトレードは、基本的にエントリー（注文）してから24時間以内に1回の取引きを終わらせるものです。

私の場合、エントリーして1～2時間で決済することもあれば、翌朝まで持ち越すこともあります。ただ、1日という枠の中で結果が出るのはスッキリしていて、負けても仕切り直しがしやすいので、私はこれを中心にやっています。

スイングトレードは、数日から数週間の期間で、比較的大きなトレンドに乗って取引きする手法です。

チャートもそんなにしょっちゅう見るわけではなく、一日数回チェックするくらいです。期間がある程度長いので、相場が動く範囲も当然、広くなります。「損切り」のラインはある程度、大きくとらなければならないので、証拠金が少ない場合には、あまり向かないかもしれません。

なお、次に触れるスワップトレードに比べると、為替差益を狙うので私の場合、レバレッジはある程度、高くして行っていますが、何日間もポジションを持ち続けるのはあまり

図16 スワップ金利って何?

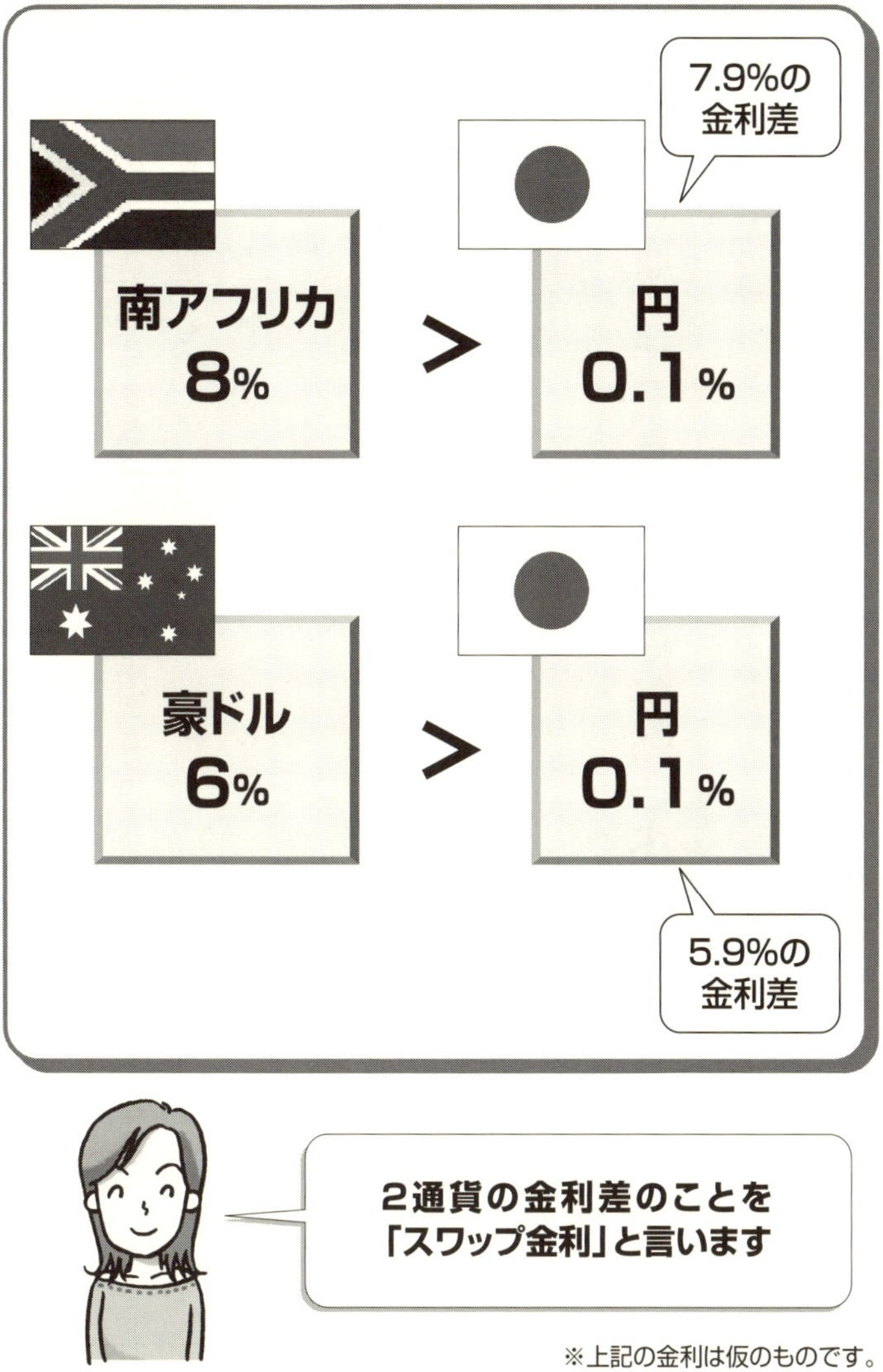

※上記の金利は仮のものです。

得意ではないので、どうしても、私は短めのスイング（2日〜5日程度）になりがちです。

最後に、**スワップトレードは上記3つの手法とは異なり、通貨間の金利差を利用して、スワップ金利を狙うものです。**

たとえば、金利の低い円を売って、ドルやポンドなど金利の高い通貨を買うと、毎日一定の金利分がもらえます。外貨預金のようなものですね。

私は貯金感覚で、このスワップ用の口座にある程度、まとまった資金を入れています。

ただし、金利を稼いでも、為替相場でその通貨が大きく下がったら、為替差損（かわさそん）が発生する危険はあります。ですので、私は年に何回か、どれかものすごく値下がりした通貨があったときにだけ、買うようにしています。

④ 最低10日はデモトレードに挑戦しよう

だいたいFXの取引きのイメージがつかめたかと思いますが、すぐにすべて理解できるわけではないでしょう。

私も、いろいろ本を読んだり、痛い目にあいながら、だんだん「こうすれば、こうなるんだ」「こういうときは、こうすればいいんだ」ということを学んでいきました。

そういった経験からいうと、これから始める方は絶対、「デモトレード」と呼ばれる模擬取引きを一定期間することをおすすめします。

デモトレードは多くのＦＸ会社が無料で提供しており、その会社の取引きシステムを使いながら、本番と同じような感じで取引きを体験することができます。

最初はそれこそ、チャートの動き方、「売り」や「買い」の注文の出し方、決済の注文の出し方などを自分でやってみてください。

各社の取引きシステムにはいろいろな機能が付いていますから、それらもひと通り動かしてみましょう。

自動車を運転する場合だって、何の練習もなく、いきなり公道に出ていっては、間違いなく事故を起こします。

ＦＸも同じこと。**まずはデモトレードで必ず練習をしてください。**

各社の取引きシステムも、車にたとえれば、初心者向けの運転しやすいコンパクトカー、最新鋭のハイブリッド車、ものすごいスピードの出るスポーツカーなどいろいろあります。

〝試乗〟してみて、自分に合ったものを選ぶことが大事なのです。

ここで、私が考えた、デモトレードのトレーニングメニューをご紹介しておきましょう。期間は10日間。毎日2〜3時間行います。

デモトレーニング 1日目

「買い」（ロング）と「売り」（ショート）の注文を出すエントリーの練習

まず、**「売り」「買い」の注文を出すエントリーの練習からスタートです。**

通貨の組み合わせは、最もポピュラーな「ドル／円（USD／JPY）」がいいでしょう。

この組み合わせは、2つ並んだ先のほうの通貨が基準になり、「ドル／円」なら、「売り（Sell）」とはドルを売って円を買うこと、「買い（Buy）」は逆にドルを買って円を売ることを意味します。

ただし、「ドル／円」はあまり相場が動かないこともあるので、そのときは別の通貨ペアを見て、比較的値動きの大きいものを使ってもいいでしょう（あくまで練習ですので）。

お勧めはポンド絡み。「ポンド／円」（略してポン円）とか、「ポンド／ドル」（ポンドル）、「ポンド／スイスフラン」（ポンスイ）などは、比較的相場が大きく動き、私自身が好きな通貨ペアです。

図17 万友美式デモトレーニングのスケジュール

1日目	「買い」（ロング）と「売り」（ショート）の注文を出し、決済する練習
2日目	「指値」でエントリーする練習
3日目	「指値」（ストップとリミット）で決済する練習
4日目	ローソク足の期間を変えながら、トレンドを判断する練習
5日目	週末を越えるときの練習
6日目	ローソク足に移動平均線を加えてトレンドの反転を読む練習
7日目	注文の枚数（金額）を増やしてみる練習
8日目	本気で勝ちを意識してトレードする練習
9日目	本気で勝ちを意識してトレードする練習
10日目	本気で勝ちを意識してトレードする練習

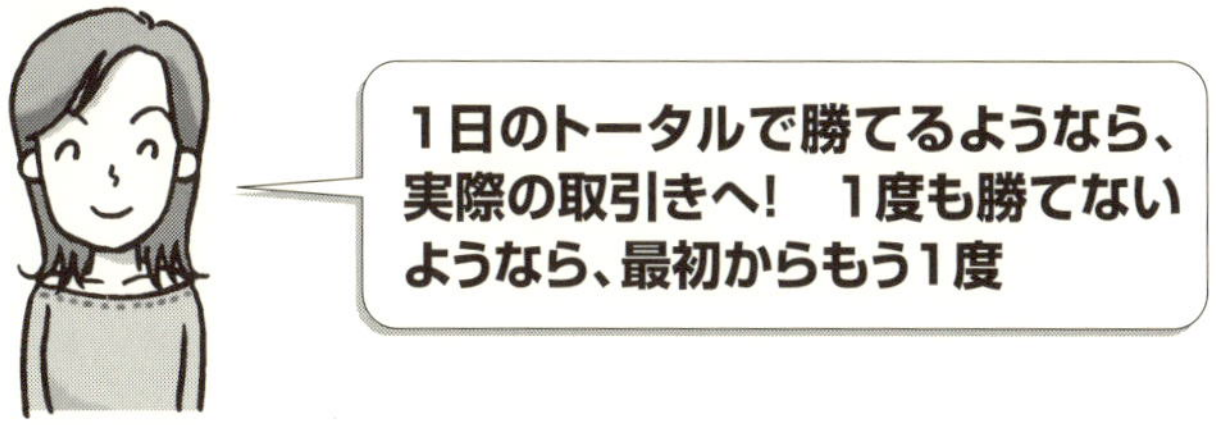
1日のトータルで勝てるようなら、実際の取引きへ！　1度も勝てないようなら、最初からもう1度

また、ＦＸにはトレードに適した時間帯があります。外国為替のマーケットは、１日の中で動きの激しいときと、あまり動きのないときがあります。よく動く時間帯は、

- **午前9時前後**
- **午後3時〜7時**
- **午後9時〜深夜12時**

の３つです。この時間帯を狙ってするといいでしょう。

さて、パソコンに表示させたチャートには、その時々の「売り（Sell）」と「買い（Buy）」の値段が表示されます。

両者は通常、同じ値段ではありません。「売り（Sell）」のほうが低く「買い（Buy）」のほうが高くなっています。その差を**「スプレッド」**といって、ＦＸ会社の利益になります。「スプレッド」は、会社によって差があります。また、通貨の組み合わせによっても違いがあります。「ドル／円」や「ユーロ／ドル」などはスプレッドが小さいのですが、「ニュージーランドドル／円」などは比較的大きいようです。

チャートを見てみましょう。チャートにもいろいろ種類がありますが、基本は「ローソク足」です。ローソク足の見方はコラムで。

ローソク足にも時間でいろいろ種類がありますが、ここでは15分足を使います。

注文の出し方ですが、チャートで相場が大きく下がって、次は上がるだろうというところで「買い」、逆に大きく上がって次は下がるのではというところで「売り」を出します。

何度かやると分かりますが、相場は上下します。それも、単純ではなく、大きく上がって、次は下がるかなと思ったら、少しだけ下げてまた上がり始めたり、逆もあります。

こういう上昇基調の途中の小さな下げ、また下降基調の途中の小さな上げを**「押し目」**といいます。

最初の予想通りに相場が動けばよし、残念ながら逆に動いたときも、10分から20分くらいで取引きを終わらせるため、反対の注文を出して決済します。

1日目はこれを何度か繰り返してみましょう。

なお、会社によって違いますが、ＦＸの取引きは通常最低単位が1万通貨です（これを

図18　取引きの単位を覚えておこう！

取引きの単位 ・・・ 1回の注文（「買い」または「売り」）の最低単位

↓

1万通貨 ・・・ 「ドル／円」の場合は、
1万ドル＝約125万円
「ポンド／円」の場合は、
1万ポンド＝約250万円

＝

「1枚」 ・・・ 取引きの単位である1万通貨を1枚と呼ぶこともあります。
「2枚」といえば、2万通貨のこと

※FX会社によっては、1000通貨（0.1枚）から取引きできるケースなどもあります。

最初のうちは、最低単位の
1枚でやるようにしましょう

図19　相場が動く単位も覚えておこう！

相場が動く単位 ・・・ 取引きされる通貨の価格にも、最低の単位があります。円の場合でいえば、1円単位か1銭単位か、ということ

↓

5桁で表したレートの最小桁 ・・・ いろいろな通貨がありますが、共通して5桁まで表示します。そのため、5桁の最小桁が相場が動く単位となります

＝

例　「ドル／円」で1ドル=125.68円なら

0.01円が最小桁

「ユーロ／ドル」で1ユーロ=1.3593ドルなら

0.0001ドルが最小桁

ピプス（pips） ・・・ この**最小桁を「ピプス」と呼びます**

円の場合、1ピプスは1銭なので、日本人には感覚的に分かりやすいといえます

最初のうちは、円がからんだ取引きのほうが、分かりやすいでしょう

コラム

ローソク足の見方①

ローソク足はチャートの最も基本的な表示方法で、一定期間（1日、4時間、1時間、30分、15分、5分、1分など）における4つの取引価格を表示します。その4つとは、

①始値
②終値
③高値
④安値

です。

①と②がローソクの芯（実体部分）を示し、③と④が芯から出るヒゲになります。

また、始値より終値が高い場合は白抜きや青で示す「陽線」、始値より終値が安い場合は黒塗りや赤で示す「陰線」とします。

「ローソク足」の特徴は、時間と価格の関係が一緒に表示されていることです。1本のローソク足を見ると、その単位時間に相場がどのように動いたかが簡潔に表されています。その動きを一目で読み取れるようになれば、しめたものです。

陽線

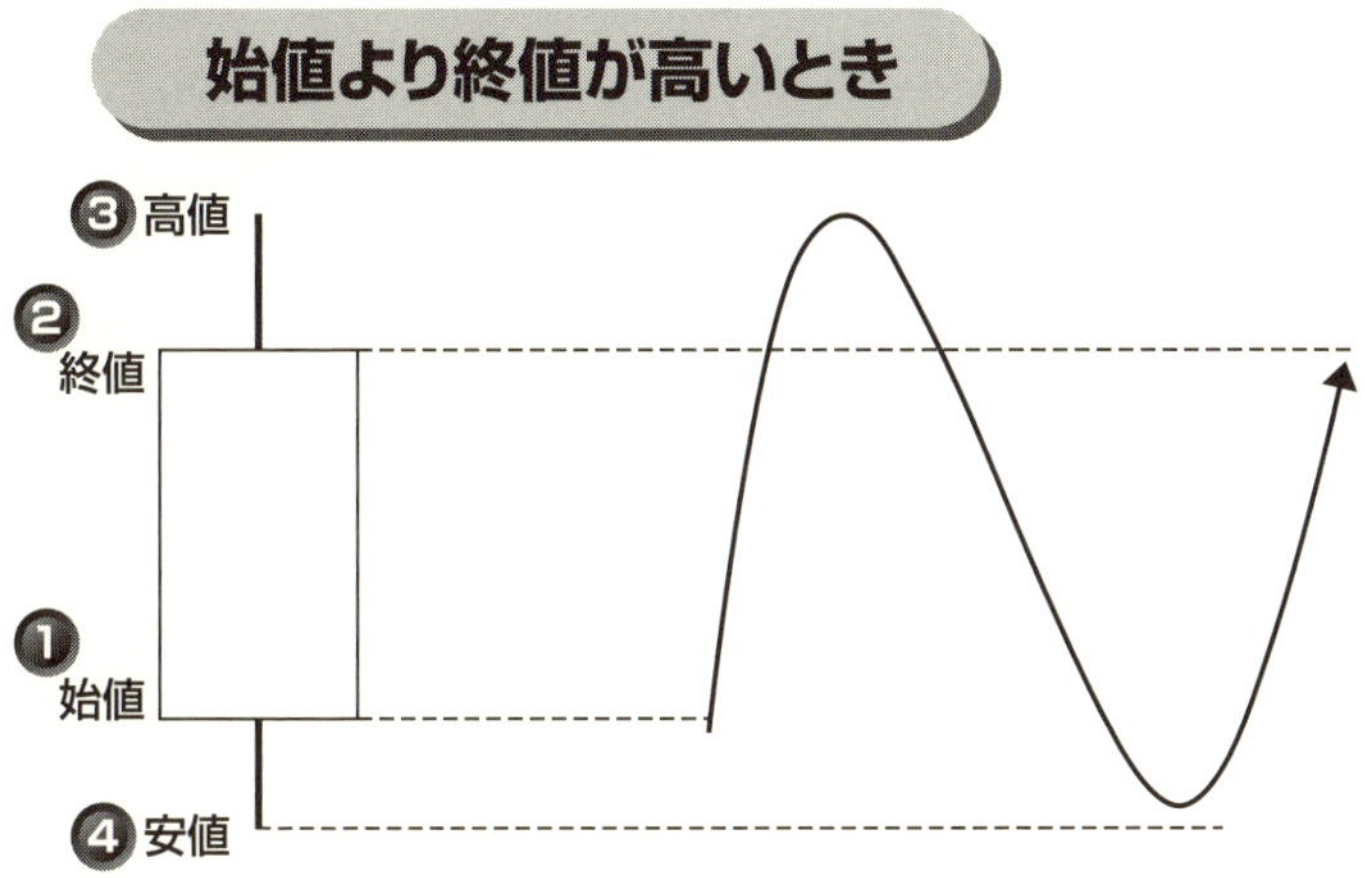
始値より終値が高いとき
❸高値
❷終値
❶始値
❹安値

陰線

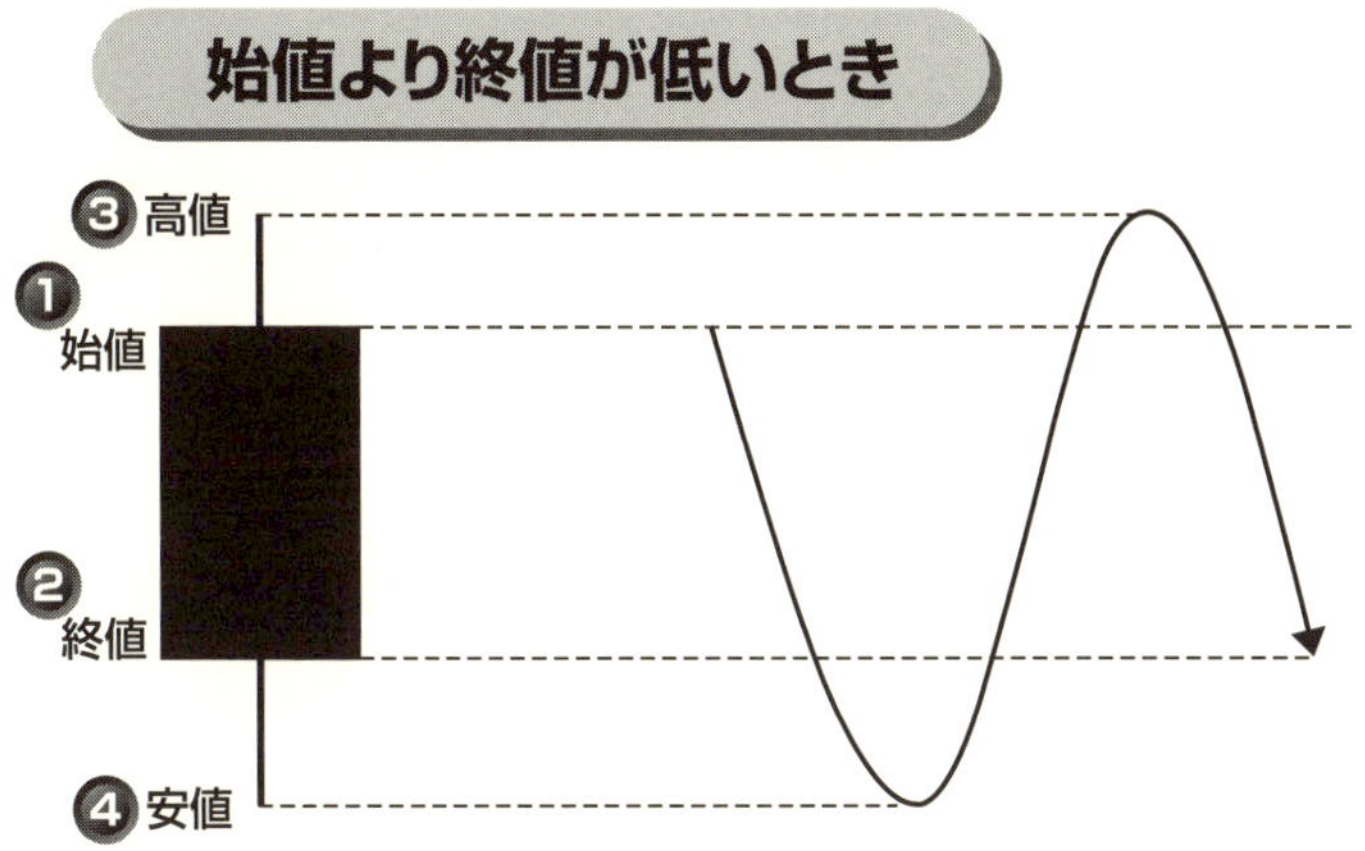
始値より終値が低いとき
❸高値
❶始値
❷終値
❹安値

コラム

ローソク足の見方②

ローソク足には、いくつかの典型的なパターンがあります。これをまず、覚えましょう。詳しくはチャートについて解説した本などを参考にしてください。

日の丸坊主

上昇の勢いが極めて強く、「買い」のシグナル。

カラカサ

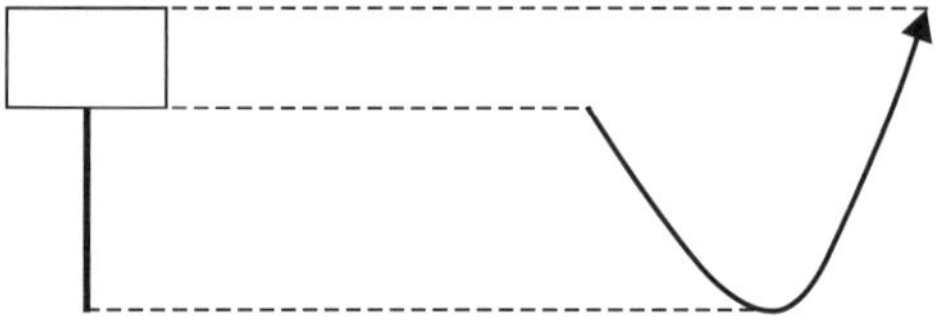

下降トレンドの後、下に長いヒゲが出た陽線は、相場反転のサイン。「買い」のシグナル。

十字値

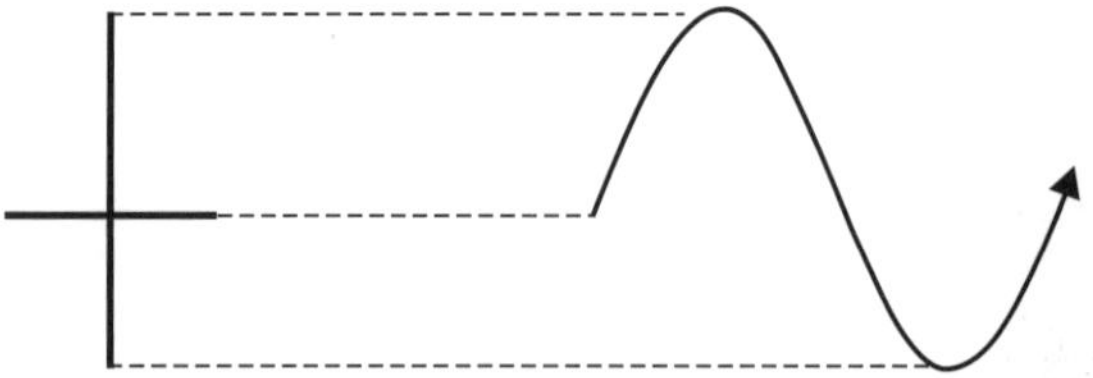

相場で「売り」と「買い」が拮抗している状態。長い時間のローソク足で相場反転のサインとなることが多い。

●陰の丸坊主

「陽の丸坊主」の逆で下落の勢いが強く、「売り」のシグナル。

●陰のコマ

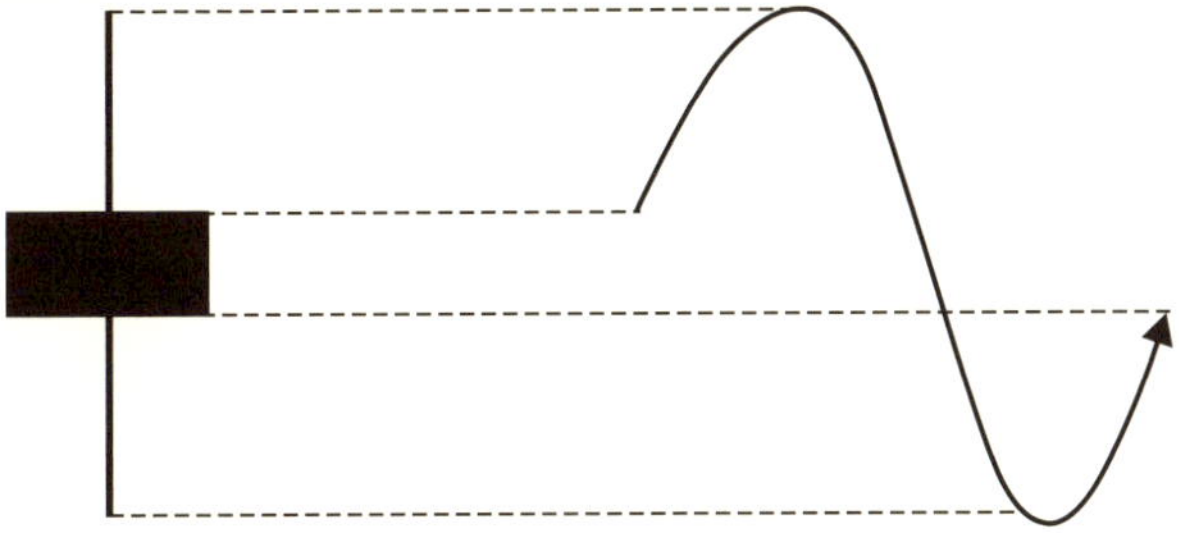

「陽のコマ」も同じで、相場が迷っている状態。

●トンカチ

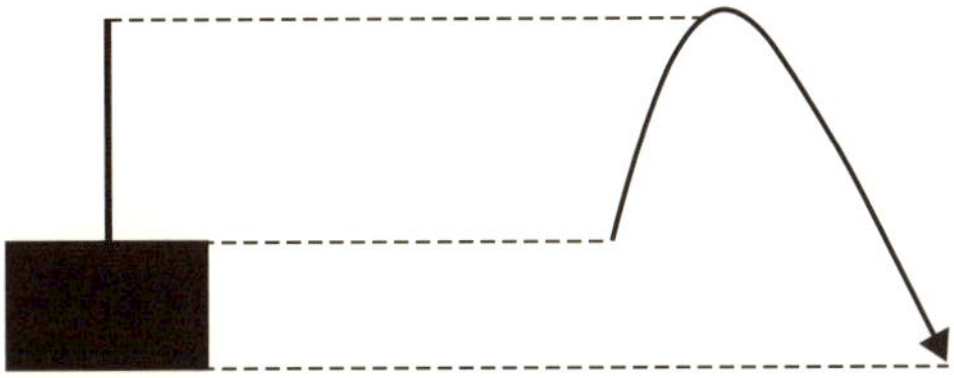

「カラカサ」の逆で、上昇トレンドの後、上に長いヒゲが出た陰線は、相場反転のサイン。「売り」のシグナル。

コラム

ローソク足の見方③

ローソク足は単独で見るだけでなくトレンドの中で判断することも大切です。

❶安値圏やもみ合い後の「日の丸坊主」

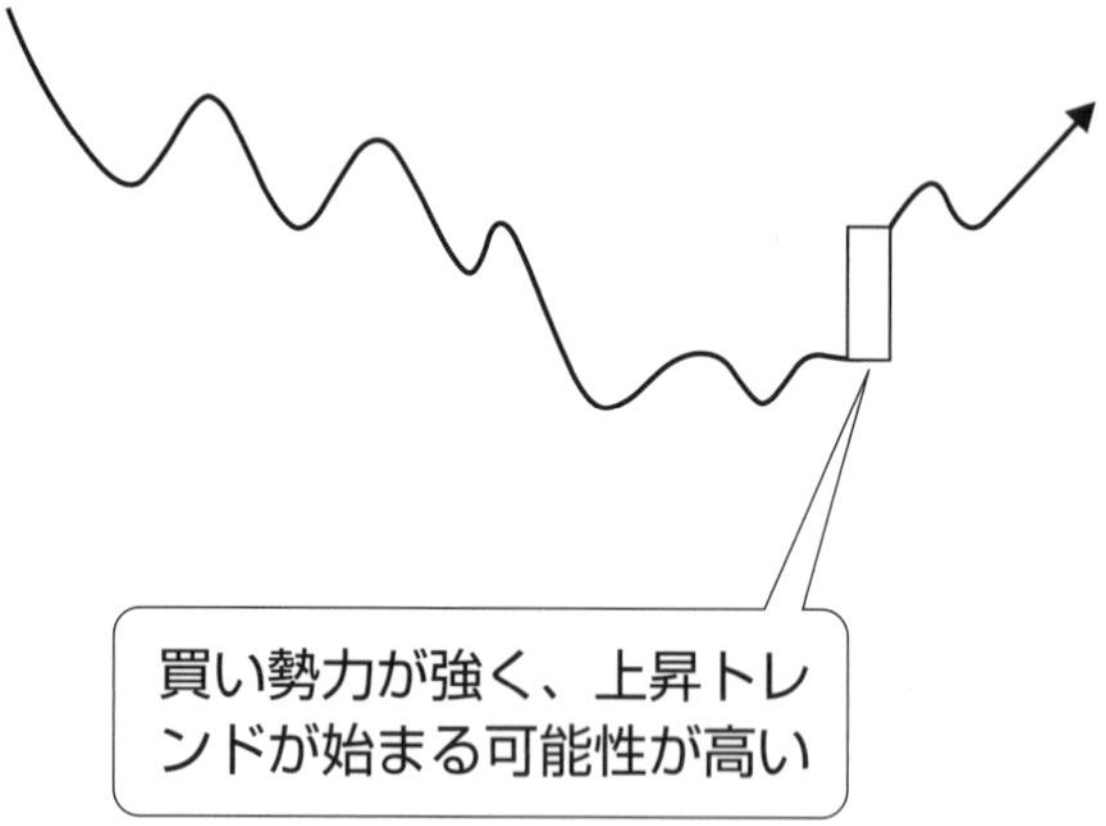
買い勢力が強く、上昇トレンドが始まる可能性が高い

❷高値圏やもみ合い後の「陰の丸坊主」

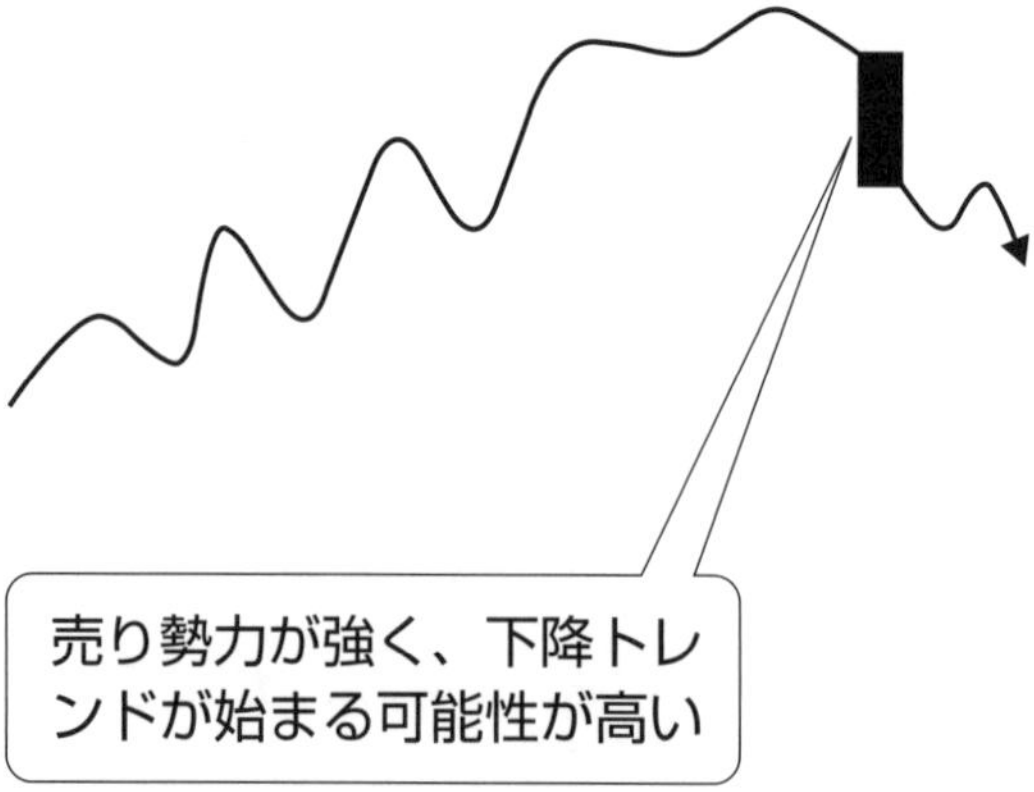
売り勢力が強く、下降トレンドが始まる可能性が高い

❸上昇トレンドが続いた後の「トンカチ」や長い上ヒゲ

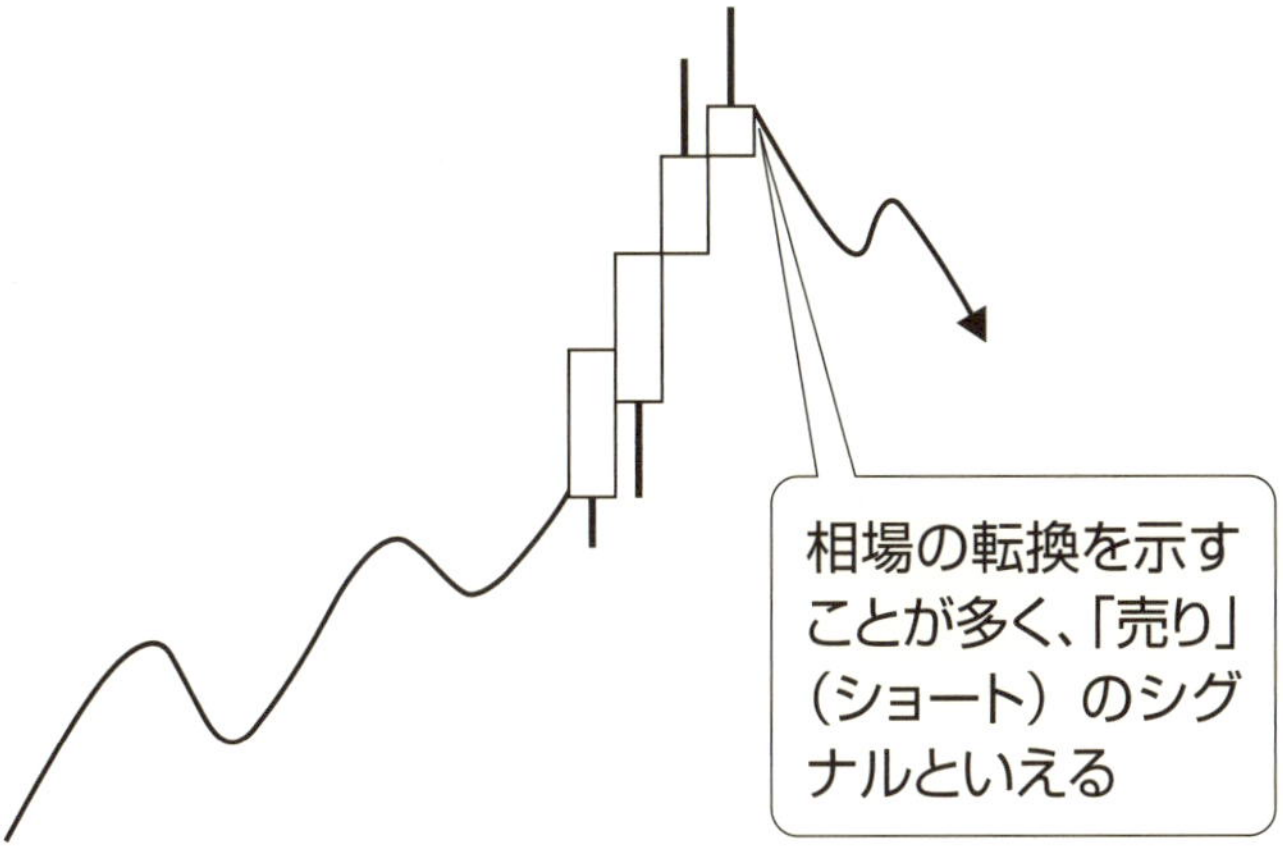
相場の転換を示すことが多く、「売り」（ショート）のシグナルといえる

❹下降トレンドが続いた後の「カラカサ」や長い下ヒゲ

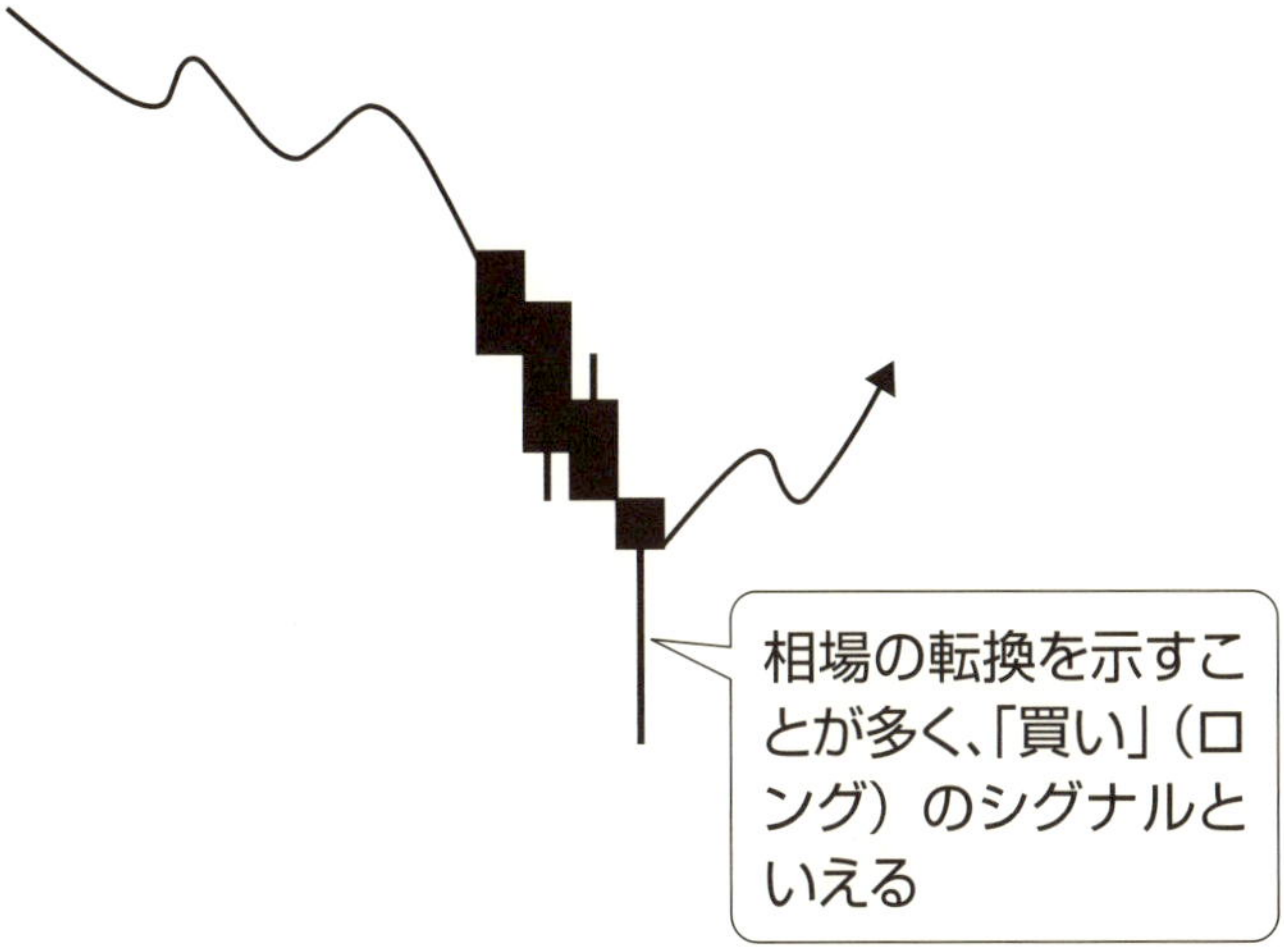
相場の転換を示すことが多く、「買い」（ロング）のシグナルといえる

「1枚」と呼んだりします)。たとえば、「ドル/円」で1枚買うと、1万ドル、つまり120万円分くらいのドルを持つわけです。

そして、相場の価格は5桁の表示を基準にします。この5桁の表示の最小桁をピプス(pips)といいます。たとえば、「ドル/円」では1ドル=125・68円などと表示され、0・01円、つまり1銭が相場変動の単位(1ピプス)ということになります。

ポイント

①チャート上の相場の動きをローソク足をみながら予想する。
②「上がる」と思ったら「買い」の注文、「下がる」と思ったら「売り」の注文を出す。
③しばらくしたら、予想通り動いたかどうかを確認し、決済する(反対の注文を出す)。

デモトレーニング 2日目

「指値」でエントリーをする練習

エントリーの注文の出し方について、バリエーションを練習しましょう。

エントリーの注文の出し方には「成り行き」と「指値」があります。

1日目にやった普通の「買い」「売り」の注文が「成り行き」注文です。これは、そのときのレートでお任せです。注文を出してから成立するまで、何秒か間があくので、その間にレートが動くこともあります。

「指値」注文はこれとは違い、「いくらで買いたい」「いくらで売りたい」という希望を出して注文するものです。相場のレートがその指値になれば売買が成立しますが、相場のレートがそこまで行かないと、注文は成立しません。

「指値」注文の仕方は、各社のシステムで多少違いがあると思いますので、それぞれ確認してみてください（ＩＦＯ、ＯＣＯ、ＩＦＤなどの専門用語がありますがこれらも指値注文の一種です）。

「指値」を使うのは、おおよそ2つの目的があります。

ひとつは、**できるだけ「安く買い」「高く売る」ためです。**

相場がそろそろ底かな、天井かなというとき、少しでも安く、または高くエントリーするために、あと少しのところを見はからって「指値」を出すわけです。うまくいけば、その分だけ利益が大きくなります。

もうひとつは、**パソコンをずっと見ていられないときのためです。**「このあたりまで行

図20　トレンドラインの引き方と「指値」

上昇トレンドの場合

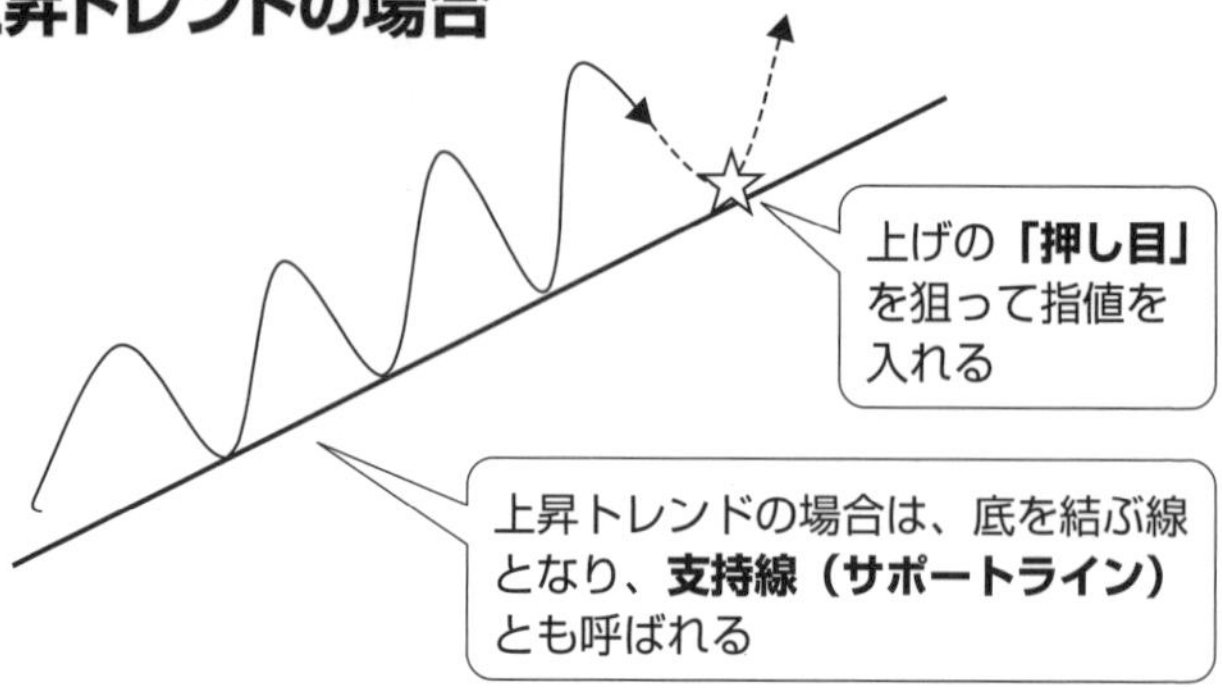
上げの**「押し目」**を狙って指値を入れる
上昇トレンドの場合は、底を結ぶ線となり、**支持線（サポートライン）**とも呼ばれる

下降トレンドの場合

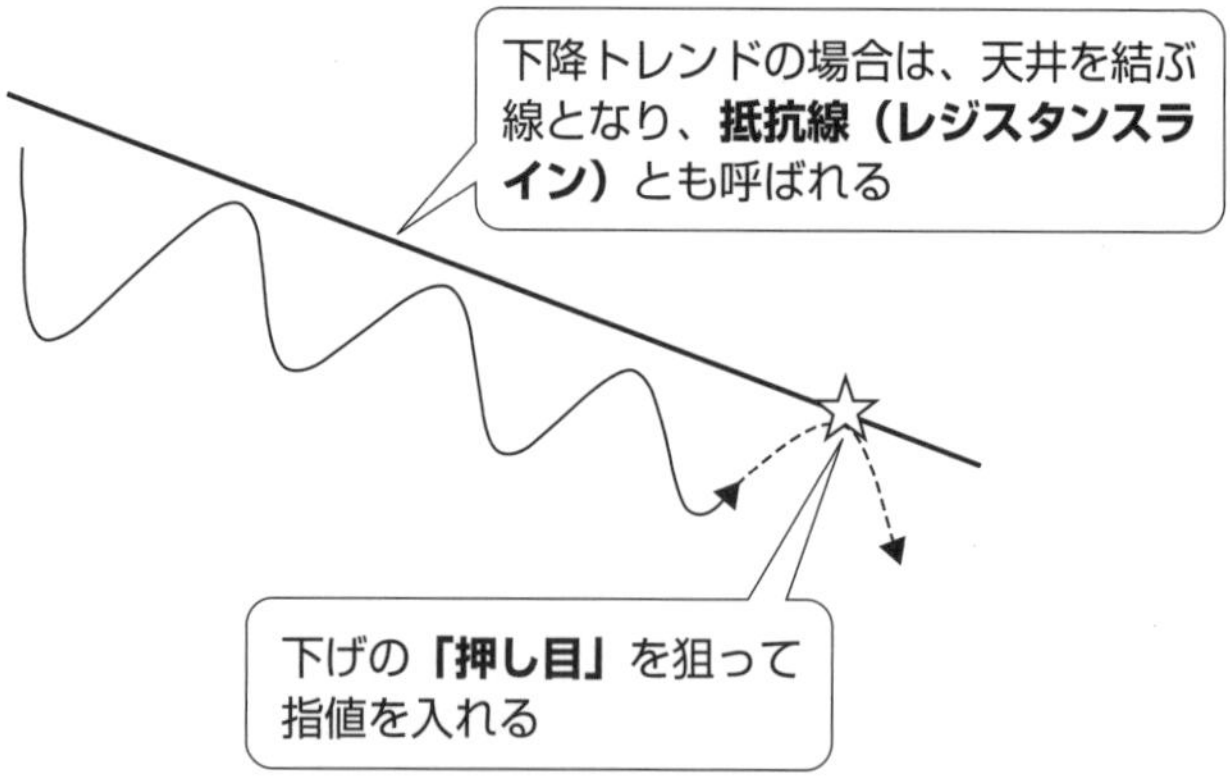
下降トレンドの場合は、天井を結ぶ線となり、**抵抗線（レジスタンスライン）**とも呼ばれる
下げの**「押し目」**を狙って指値を入れる

「押し目」とは、上昇トレンドで一時的に下がるところ、下降トレンドで一時的に上がるところをいいます

けばいいかな」というラインを自分で決めて、「指値」で注文を出しておきます。そして、その価格になれば自動的にエントリーが成立します。

「指値」で注文を出すときに便利なのが、トレンドラインを引いてみることです。

上昇相場のときはローソク足の底を、下落相場のときはローソク足の天井を結んでみます。これをやはり何回か、繰り返してみましょう。

ポイント

①底や天井だと思われる少し手前で、「指値」での売り注文、買い注文を出してみる。
②その際、チャート上でトレンドラインを引いてみる。
③パソコンを閉じる際、明日までの動きを予想して「指値」でのエントリーを入れておいてみる。

デモトレーニング 3日目

「指値」で決済する練習

次は、決済（エグジット）の際に「指値」を出す練習です。

決済の際の「指値」には、**利益を確定させるための「リミット」と、損失を一定以上膨**

らませないための「ストップ」があります。

「買い」のポジションを持っている場合は、「リミット」は一定の〝値上がり〟、「ストップ」は一定の〝値下がり〟を見越して入れます。「売り」のポジションを持っている場合は逆です。

タイミングを見はからってエントリーしたら、このリミットとストップを入れます。入れ方ですが、最初はリミットとストップを同じ幅で入れましょう。

慣れてきたら、「リミット」を大きく、「ストップ」を小さくしてみましょう。

私は、**ＦＸで勝つために最も必要なことは、「大きく負けない」ことだと思っています。**

それには、先ほども述べたように**「ストップ」を毎回、必ず入れることです。**

しかし、何度か「ストップ」に引っかかったのに（損失が確定）、その後で逆方向に持ち直すことは珍しくありません。

そんな経験をすると「もったいない！」となって、ストップを入れなくなる人がいるのです。

図21　「ストップ」と「リミット」とは？

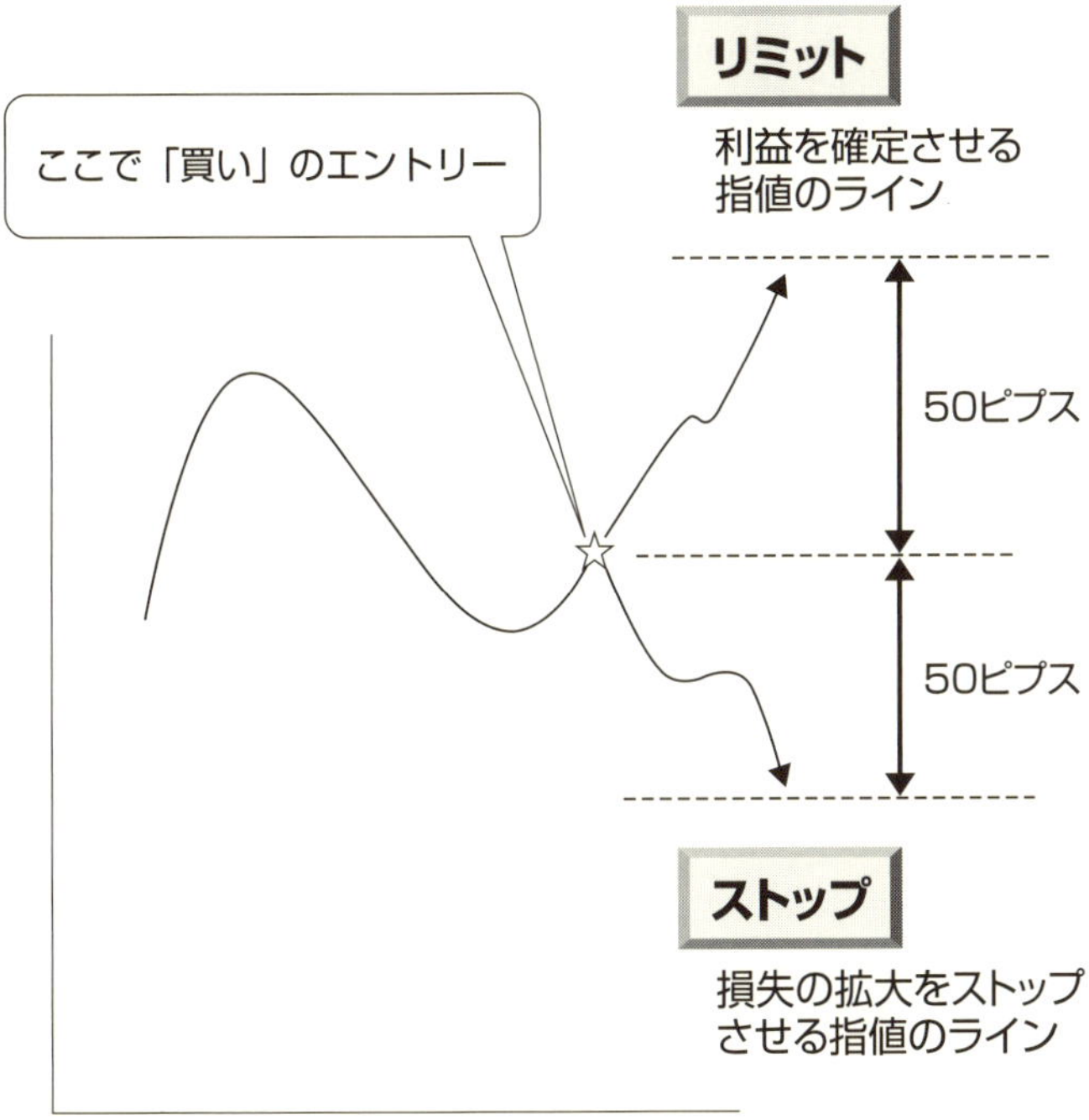
リミット
利益を確定させる
指値のライン
ここで「買い」のエントリー
50ピプス
50ピプス
ストップ
損失の拡大をストップ
させる指値のライン

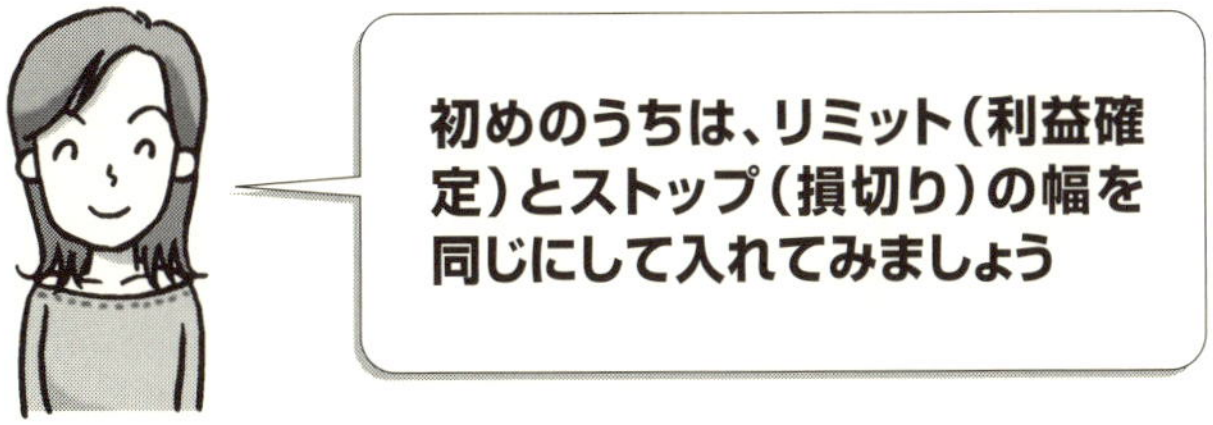
初めのうちは、リミット（利益確定）とストップ（損切り）の幅を同じにして入れてみましょう

私もかつて、そうでした。

しかし、「ストップ」に引っかかってもいいのです。万が一、もっと損失が拡大していたら、大変なことになります。「この程度の損失で済んでよかった」と思いましょう。

また、ストップにかかってばかりいるということは、エントリーのタイミングの見極めが甘いのでは?という反省材料になります。

極力、ストップにかからない自信のあるタイミングを見極める習慣をつけるためにも、ストップは常に入れるほうがいいと思います。

10回エントリーした場合、ストップにかかるのを4回までに抑えることを目標にしてみましょう。

ポイント

①「買い」でエントリーして「ストップ」と「リミット」を同じピプス幅で入れてみる。

②「売り」でエントリーして「ストップ」と「リミット」を同じピプス幅で入れてみる。

③「ストップ」と「リミット」の幅を、相場を見ながら変えてみる。

デモトレーニング 4日目

ローソク足の期間を変えながら、トレンドを判断する練習

徐々に、取引きの仕方に慣れてきたのではないでしょうか。納得できないところがあれば、もう一度、最初から自分なりに復習してくださいね。

さて、そろそろチャートの見方に移りましょう。

ここまでは15分の「ローソク足」を使ってきました。

ローソク足には他にも、1分、5分、10分、30分、1時間、2時間、4時間、1日、1週間、1ヶ月といった期間の種類があります。

期間が長いほど、過去に遡ってデータが出てきますし、1本のローソクが完成するまで時間がかかるので、幅が大きくなり、より長期の大きなトレンドが分かります。

1日、4時間、1時間、15分という具合に、長い期間から短い期間へと順次、表示を変えて、それぞれのトレンドをつかんでみましょう。

すると、「どの期間（足）で見ても上昇トレンド（または下降トレンド）」とは限らず、

「1日足と4時間足で見ると上昇トレンドなのに、15分足で見ると下降トレンド」というふうに、大きなトレンドと小さなトレンドが逆になることも珍しくありません。

基本的に、トレンドが上昇基調なら「買い」のエントリー、トレンドが下降基調なら「売り」のエントリーを考えます。

そして、大きなトレンドと小さなトレンドが同じなら決済まで長めにひっぱります（大きな利益を狙う）。

逆に、大きなトレンドに逆らったエントリーなら、早めの決済を心がけます。

大きなトレンド、小さなトレンドを見ながらの取引きを練習しましょう。

ポイント

①1日足、4時間足、1時間足、15分足と時間を長いほうから短くしながら、それぞれのトレンドを確認してみる。
②上昇基調では「買い」、下降基調では「売り」でエントリーしてみる。
③大きいトレンドと小さなトレンドが違う場合、早めの決済を試みる。

図22　大きなトレンドと小さなトレンド

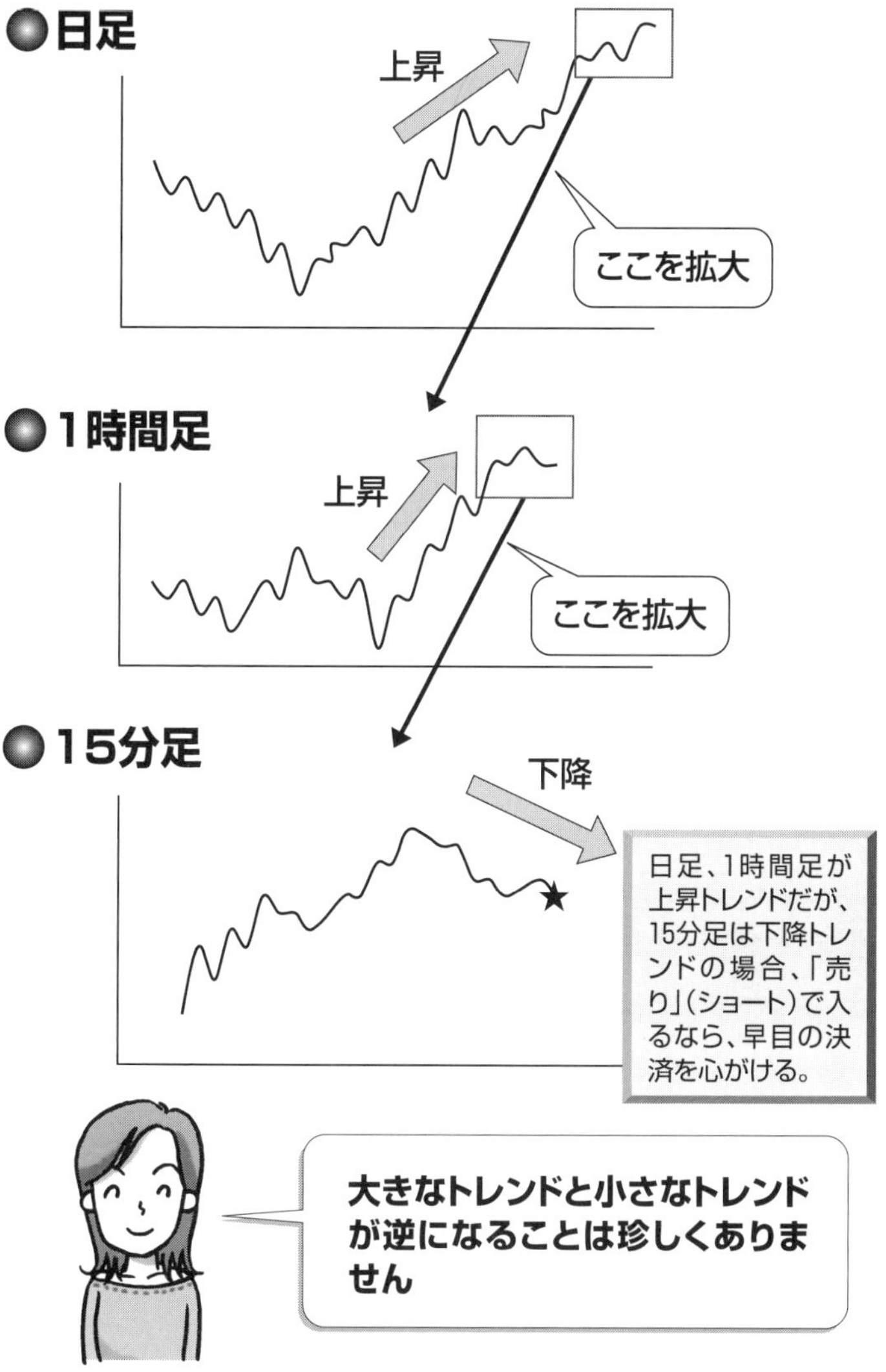
日足
上昇
ここを拡大
1時間足
上昇
ここを拡大
15分足
下降
日足、1時間足が上昇トレンドだが、15分足は下降トレンドの場合、「売り」(ショート)で入るなら、早目の決済を心がける。
大きなトレンドと小さなトレンドが逆になることは珍しくありません

デモトレーニング 5日目

週末を越えるときの練習

5日続ければ、どこかで週末にかかるはずです。その場合の取引きを経験しておきましょう。

FXは平日なら24時間取引きが可能です。それは、世界中どこかの市場（インターバンク市場）で外国為替の取引きが行われているからです。

しかし、土日の週末は、時差こそありますがどの市場でも相場はクローズされます。日本では土曜日の早朝（通常は午前6～7時）、ニューヨーク市場が閉まってから月曜日の早朝（通常は午前3～4時）までクローズとなります。

週末を越える場合、基本的にポジションはすべて決済しておいたほうがいいでしょう。

週末は自分のトレードを見直したり、インターネット上や新聞などに出る1週間の為替相場の動きと来週の予想などに、目を通してみましょう。

また、インターネットで調べると、外国為替関係の重要な指標発表の日時をまとめたも

図23　FXで重視される重要な経済指標などの例

	雇用統計	失業率や非農業部門の雇用者数。最も注目度が高い
アメリカ	GDP(国内総生産)	景気動向の重要指標。
	貿易収支	基本的に赤字基調だが、予想とどれくらい離れているかが重要。
	消費者物価指数(CPI)	インフレかどうかが、金利動向に反映する。
	住宅着工件数	景気を判断する指標のひとつ。
	FMOC(連邦公開市場委員会)	米国内の政策金利を決定する。
ヨーロッパ	ECB(欧州中央銀行委員会)	EU内の政策金利を決定する。
日本	国内総生産(GDP)	景気動向の重要指標。
	企業短期経済観測調査(日銀短観)	足元の景気動向の目安となり、金利政策に影響する。

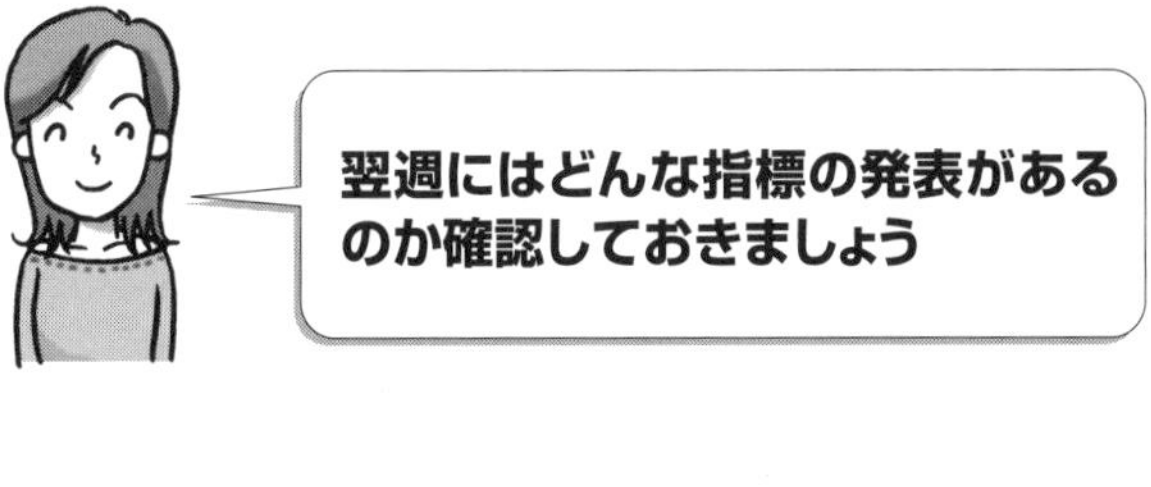
翌週にはどんな指標の発表があるのか確認しておきましょう

のがありますので、どんな指標が重視されるのか、翌週にはどんな指標の発表があるのか、確認しておきましょう。

週明けは結構、相場が動くことも多いので、ぜひ早起きしてパソコンを立ち上げてみましょう。

ポイント

①週末に相場がストップする前、取引きは基本的にすべて決済する。
②土日の間に、翌週の相場の予想についての情報や重要指標の予定などを確認する。
③週明けは、早起きして相場の動きを確認する。

デモトレーニング
6日目

ローソク足に移動平均線を加えてトレンド反転を読む練習

エントリーのタイミングについて、さらに考えてみましょう。

先ほど、「指値」のところで、上昇トレンドや下降トレンドに乗ってエントリーする方法を簡単に説明しました。しかし、利益をより大きくとるには、下降から上昇へ、上昇から下降へ、といったトレンドの転換を見つけることができれば、より有利でしょう。

そのために役立つのが、**移動平均線**です。**移動平均線は、過去何日分かを遡って、その平均値をつないだものです。**これを２本以上表示して、その関係を見るのです。

どういう組み合わせがいいのか、本によって書いてあることがまちまちですが、私は通常、５日平均線と20日平均線の２本を表示させています。

そして、20日の移動平均線より相場が上で動いているときが上昇トレンド。下で動いているときが下降トレンドと見ます。

さらに、５日の平均線が、20日の平均線を下から上に突き抜けたときが**「ゴールデンクロス」**といって、「買い」のサインになります。

逆に「**デッドクロス**」といって、短期の移動平均線が長期の移動平均線を上から下に抜けたときが「売り」のサインです。

ぜひ、何度か試してみましょう。

ポイント

①ローソク足に移動平均線を重ねてみる（最低２本）。
②移動平均線の期間は、いろいろ変えてみて、自分にとって判断しやすいものを選ぶ。
③「ゴールデンクロス」「デッドクロス」を目安にエントリーをしてみる。

デモトレーニング 7日目

注文の枚数を増やしてみる練習

注文の枚数を増やしてみます。

慣れてくるまでは、最低通貨単位（1万通貨単位）でトレードしたほうがいいのですが、そろそろ2枚（2万通貨）とか3枚（3万通貨）、自信があれば5枚（5万通貨）でも注文を出してみましょう。

図24 「ゴールデンクロス」と「デッドクロス」

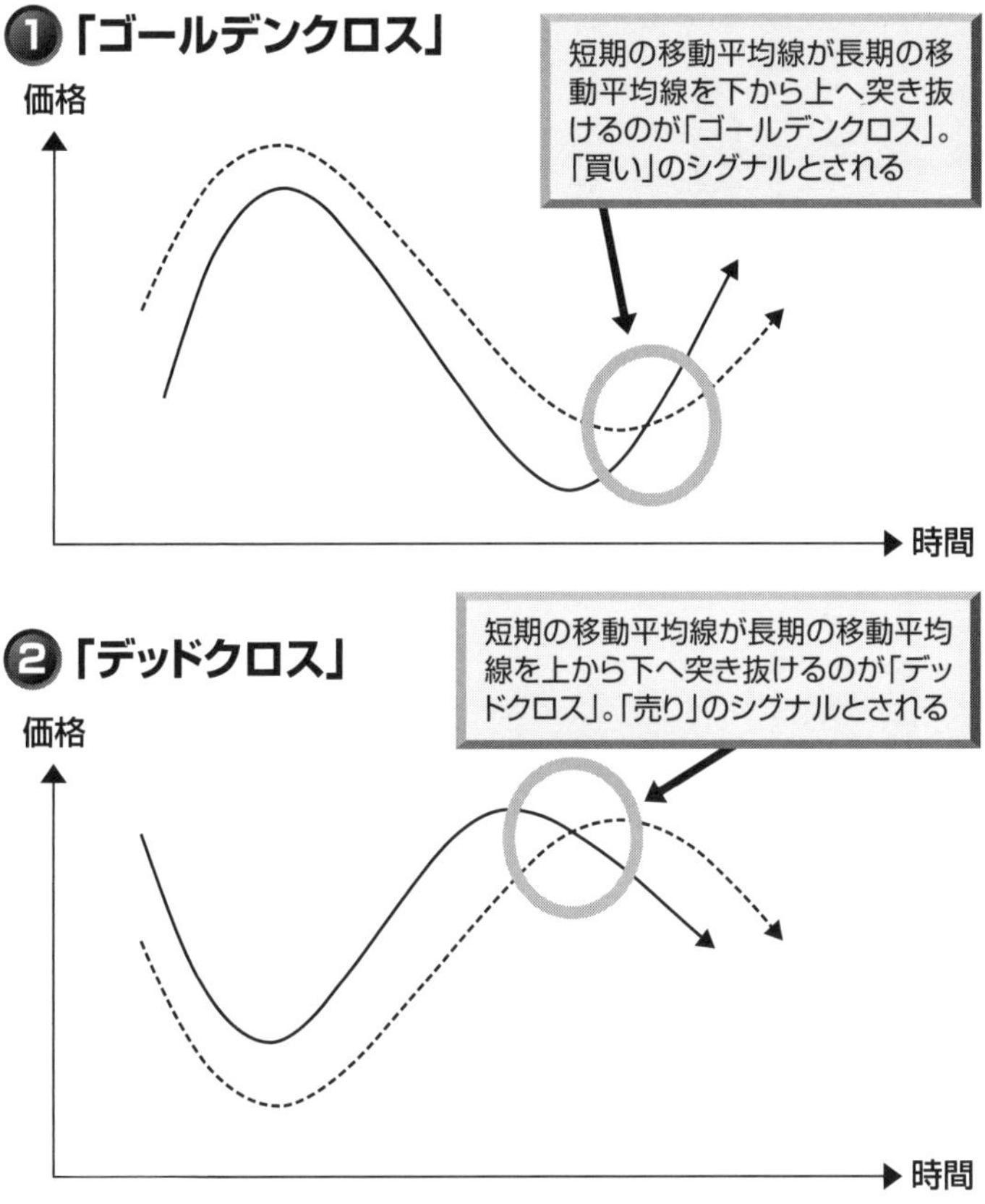
❶「ゴールデンクロス」
短期の移動平均線が長期の移動平均線を下から上へ突き抜けるのが「ゴールデンクロス」。「買い」のシグナルとされる
価格
時間
❷「デッドクロス」
短期の移動平均線が長期の移動平均線を上から下へ突き抜けるのが「デッドクロス」。「売り」のシグナルとされる
価格
時間

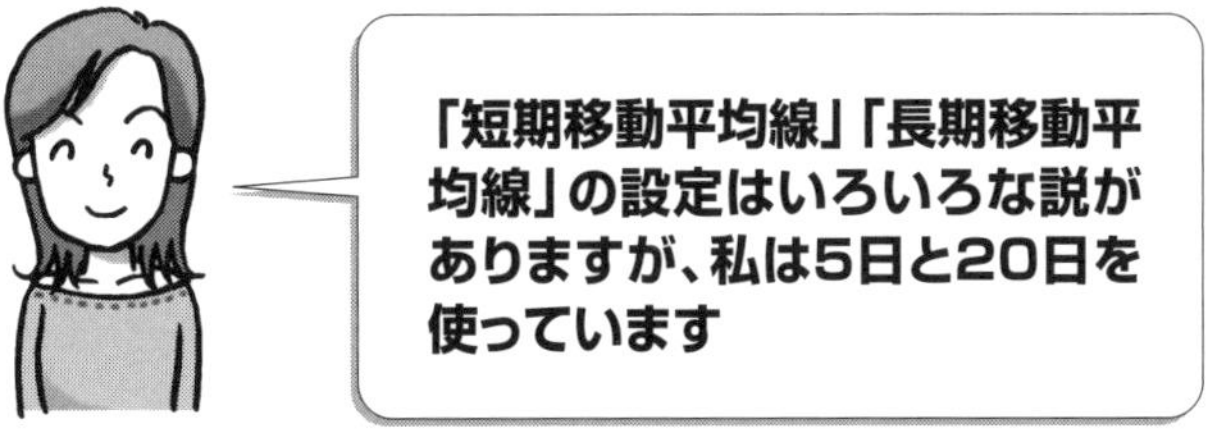
「短期移動平均線」「長期移動平均線」の設定はいろいろな説がありますが、私は5日と20日を使っています

私は通常、1回のエントリーは5枚から30枚（30万通貨）までの範囲でトレードしています。

取引きする額が増えると、使用する証拠金も増えます。そして、1ピプス動いたときの利益・損失も当然、2倍、3倍、5倍になります。

このあたりの感覚をぜひ、トレードでつかんでください。予想通りに相場が動き、利益がどんどん増えていくのは快感ですし、逆に損失が増えていくと本当にドキリとしますよ。

1枚でエントリーして様子を見て、読み通りに相場が動いてきたらさらに追加でエントリーするとか、状況に応じて自分なりに枚数を変えるやり方も研究してみるといいでしょう。

ポイント

①ここぞというタイミングでは、注文する通貨の枚数を増やしてみる。
②1ピプス動いたときの利益の増減を確認してみる。
③「ストップ」を必ず入れているか、再確認。

デモトレーニング 8日目〜10日目

本気で勝ちを意識してトレードする練習

いよいよ本気モードで、勝ちにいきましょう。

デモトレードだからといって、気を抜いてやるのはだめ。デモで勝てなかったら、本番でも勝てません。残り3日、はっきり勝ちを意識して、勝てるかどうかやってみましょう。

そして、**取引きの記録をつけてみましょう。**

エントリーした価格と決済した価格、利益や損失の額のほか、なぜそこでエントリーしたのか、なぜそこで決済したのか、一言でいいので自分の判断基準を書いておきましょう。

大事なのは、勝率ではなく、トータルの結果です。

小さな損切り（ストップ）は気にせず、たとえ9敗1勝でも、トータルでプラスになっていればOKなのです。

ポイント

①実際に自分のお金で取引きを始めたつもりで勝ちにいく。
②取引きの記録をつける。
③1回1回の取引きではなく、1日のトータルで勝つことを意識する。

ここまでやって、1日でもトータルプラスになるようなら、本番に進んでもいいでしょう。

うまくいかない場合は、もう一度、1日目からの手順でやってみてください。

1ヶ月ほど本気でやっても、1日の取引き全体でトータルがプラスになる日よりマイナスになる日のほうがはるかに多いようなら、残念ながらあなたはデイトレ向きではありません。

FXをするなら、外貨預金感覚のスワップトレードくらいにしておいたほうがいいと思います。それでも銀行預金などよりは、ずっと効率よく資金は増やせます。自分の向き不向きを見極めるのも、投資では大切な判断です。

第3章

元手100万円で月100万円稼ぐ、5つの必勝ステップ

1　1日あたりの目標を決める

本章では、月100万円稼ぐ私のやり方をご説明していきます。

その前に、**月100万円稼ぐには、20日間トレードするとして、1日平均5万円勝つ必要があります。さらに、1日10回トレードするとして、1回あたり5000円が目安になります。**もちろん、損することもありますし、大きく勝つこともあるでしょう。しかし、だいたいの目安を持っておくことはとても大切です。

あなたもまず、自分は月にいくら稼ぎたいのか、それを1日あたりに直すとどれくらいになるのか、ぜひ紙に書き出してみましょう。

ステップ0
通貨とレバレッジの選択について

通貨の選び方

さて、**取引きにあたって最初にするべきことは、通貨ペアの選択です。**デモトレードの際にやってみて相性のいいもので構いませんし、特になければ「売り」と「買い」の差（スプレッド）の小さい通貨の組み合わせ（「ドル／円」「ユーロ／ドル」など）がいいと思います。

私の場合は、動きの比較的激しいものが好きなので、英ポンド絡みの組み合わせ（「ポンド／円」「ポンド／ドル」「ポンド／スイスフラン」）をよくやります。

ただ、外貨同士の組み合わせだと、感覚が分からないという方が多いようなので、そういう場合は、外貨と円の組み合わせ（「ポンド／円」「ドル／円」「ユーロ／円」「スイスフラン／円」）がいいでしょう。

でも、チャートが読めるようになると、あまり関係なくなります。

結局のところ、相場が読みやすいかどうか、勝てることが多いかどうか、という相性もあると思うのです。私の場合、これまで「ドル／円」とはあまり相性がよくありませんでした。わざわざ相性の悪い通貨を選ぶことはありません。

相場が読みやすい通貨、勝てそうな通貨を早く見つけたほうが絶対に有利です。そういう意味でも、デモトレードでいろいろな通貨を試してみてください。

ひとつの通貨ペアだけに取引き対象を限定しないこともポイントです。私はいま、だいたい6つの通貨ペアを同時にチェックしながら、取引きしています。慣れてきたら2～3つくらいでいいので、複数の通貨ペアのチャートを見ているほうがいいと思います。それぞれの動きの特徴がつかみやすいですし、エントリーのチャンスが多くなります。

レバレッジについて

実際の取引きを始める前に、もうひとつ大事なのがレバレッジの選択です。

たとえば、「ドル／円」で1万通貨1枚の「買い」注文を出したとします。そのときのレートが、1ドル＝125円なら、日本円で125万円のポジションを持つことになるわけです。

この1万通貨の取引きに必要な証拠金が1万円だとすると、

125万円÷1万円＝125

で、レバレッジは125倍ということになります。もし、必要な証拠金が10万円ならレバレッジは12・5倍です。

1ドルに対する円のレートが変われば、当然、レバレッジも多少変化しますが、まずは1万通貨取引きするために必要な証拠金の金額を確認しましょう。実際、会社によって、また通貨ペアによって、その金額はかなり違います。

中には、1万通貨あたりの証拠金が5000円というところ（ポンドならレバレッジ約400倍）もあります。

いろいろなFXの入門書を見ると、初心者はレバレッジをあまり高くしないほうがいいと書いてあります。「あまり高くしない」とは、だいたい3倍から5倍程度まででしょうか。

確かに「損切り」ができない人は、レバレッジを高くすると大きな損失を出してしまう危険性があるので、そうだと思います。

図25　レバレッジの計算の仕方

$$\frac{\text{保有するポジションの総額}}{\text{そのポジションを持つのに必要な証拠金の額}} = \text{レバレッジ（倍）}$$

例　1万通貨あたり、1万円の証拠金が必要な場合…

「ドル／円」が1ドル＝125円で、1万ドルのポジションを持つなら、

$$\frac{\text{125円×1万通貨}}{\text{1万円}} = \frac{\text{125万円（ポジションの総額）}}{\text{1万円（証拠金）}} = \text{125倍}$$

「ポンド／円」が1ポンド＝250円で、1万ドルのポジションを持つなら、

$$\frac{\text{250円×1万通貨}}{\text{1万円}} = \frac{\text{250万円（ポジションの総額）}}{\text{1万円（証拠金）}} = \text{250倍}$$

レバレッジって難しそうだけど、計算はカンタン!

しかし、デイトレの場合、私は高いレバレッジで取引きしています。レバレッジをきかせたほうが稼げるからです。いまは最高200倍ほどの口座（会社）で運用しています。自己資金（証拠金）が少ない人もやはり、高いレバレッジでないと、あまり稼げません。ただ、レバレッジの高い運用はリスクが大きくなるので、その分、ストップ（損切り）の入れ方は気をつけています。

あまり慎重になって幅を小さくするとすぐひっかかるし、逆に大きくとると損失がふくらむし、本当に難しいのです。

これは経験と練習を積むしかありません。私も、いまだにリアルトレードとは別に、デモトレードでいろいろ検証しています。

「どうしようかな、ここはエントリーしたらいけそうな気はするんだけど」と迷うときは、とりあえずデモトレードの口座でエントリーし、適切かなと思うところでストップを入れてみるのです。

その結果、自分の判断が正しかったとなれば、次に同じようなタイミングが来たときに、自信を持ってエントリーできるのです。

資金管理についてもしっかり意識を

レバレッジと並んで重要なのが、「資金管理」です。

ポジションをたくさん持ってしまうと口座に残っている証拠金はどんどん減っていきます。証拠金が少なくなると、ほんの少し相場が予想と逆方向に動いただけで「**マージンコール**」や「**強制決済**」にかかってしまうのです。

また、いざエントリーのチャンスというときに、口座に証拠金が少ないと、思うような取引きができません。自信を持ってエントリーしようとしたのに、わずかな証拠金しか残っていないのでは、みすみすチャンスを逃がしてしまいます。

このように、**自分が口座にある証拠金をどの程度使っているのかを常に意識しておかないと、思わぬところで退場させられたり、絶好のチャンスを見逃すことになります。**

私は、取引きの手法に応じて口座を使い分けているのですが、口座によってそれぞれ資金管理を考えています。

まず、**デイトレの場合は口座に入れた証拠金の3割程度をトレードに使っています。**そ

図26　「マージンコール」とは?

マージンコール
証拠金をたくさん使ったり、含み損が増えたりすると損切りするか、証拠金を追加するか、警告が出ます

うすると、一度に行う取引き（エントリー）の枚数は、だいたい5〜30枚程度です。

スワップトレードのほうは、口座に入れた証拠金に対して、実質レートの3〜5倍のポジションを持つようにしています。１００万円の証拠金をスワップ口座に入れた場合、３００万から５００万円分の高金利通貨を「買い」ポジションで持っておく感じです。

具体的にいうと、「ドル／円」なら2〜4枚、「ポンド／円」なら1〜2枚となります。

頻繁にトレードしなくても、毎日スワップ金利を受け取ることができますし、差益で利益を得ることも期待できます。でも逆に為替差損が出た場合は、受け取るスワップ以上の損が出てしまうこともありますので気をつけましょう。

資金管理の方法については、ぜひ自分でいろいろ考えてやってみてください。

図27　私の資金管理の考え方（口座に100万円）

私のデイトレ口座

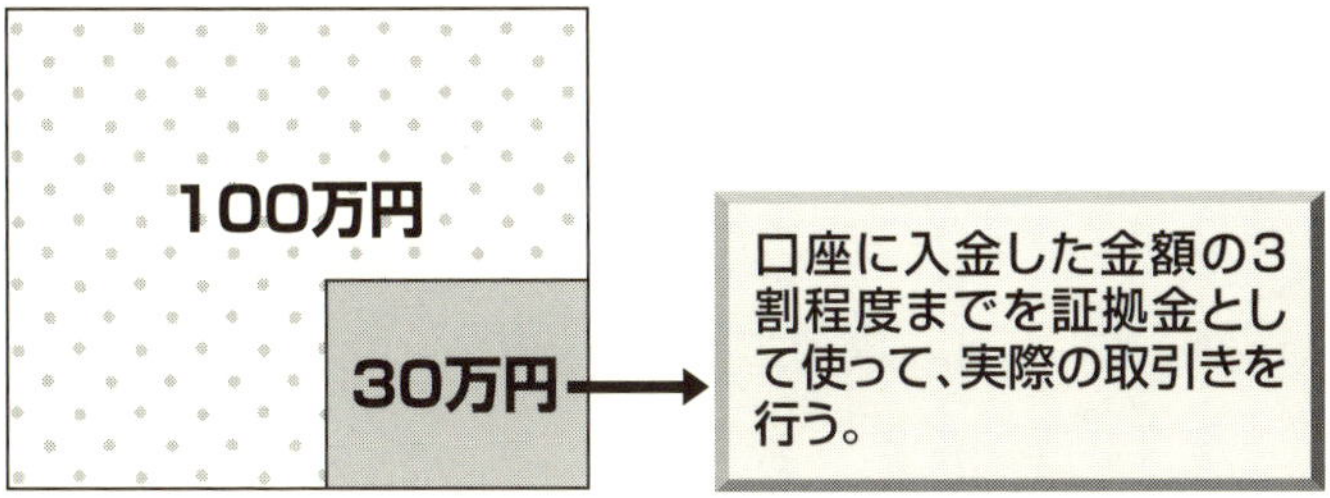
100万円
30万円
口座に入金した金額の3割程度までを証拠金として使って、実際の取引きを行う。

私のスワップ口座

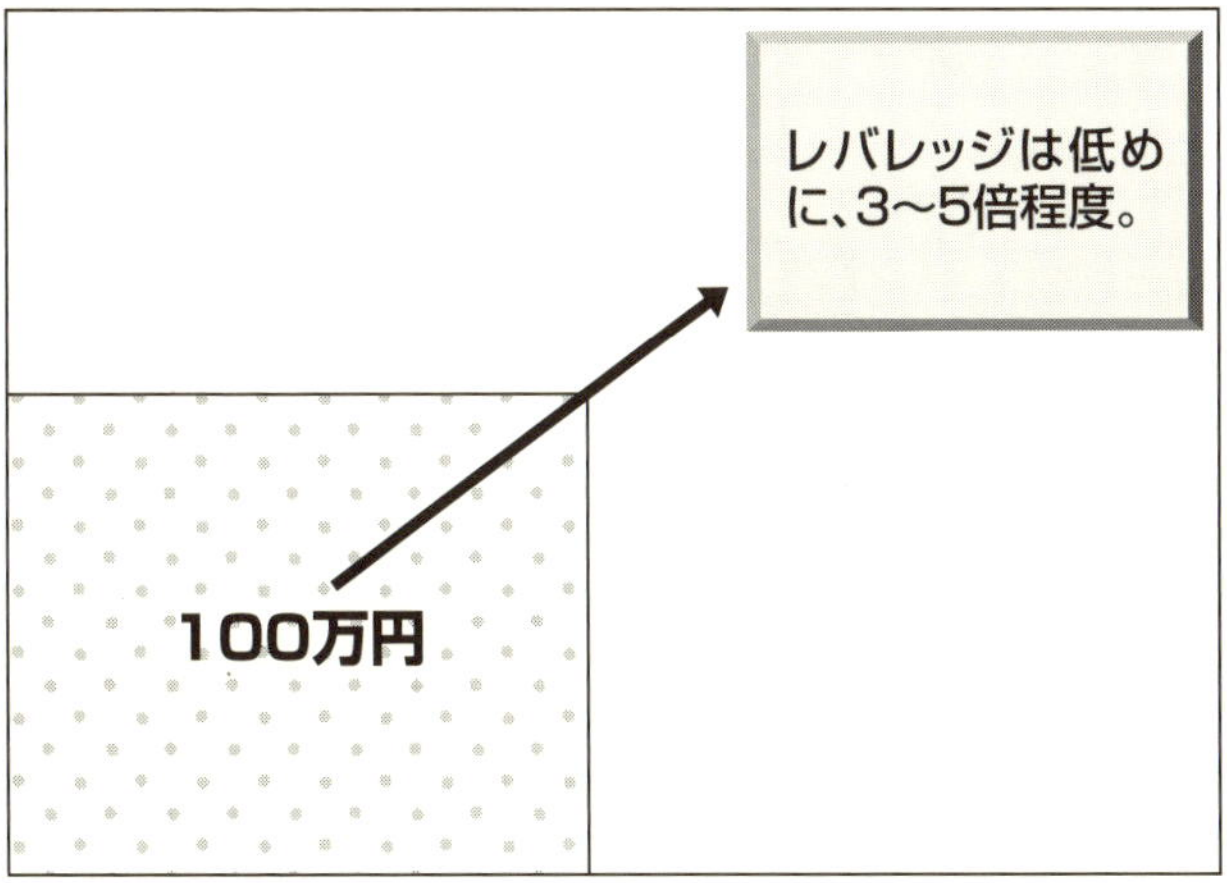
レバレッジは低めに、3〜5倍程度。
100万円

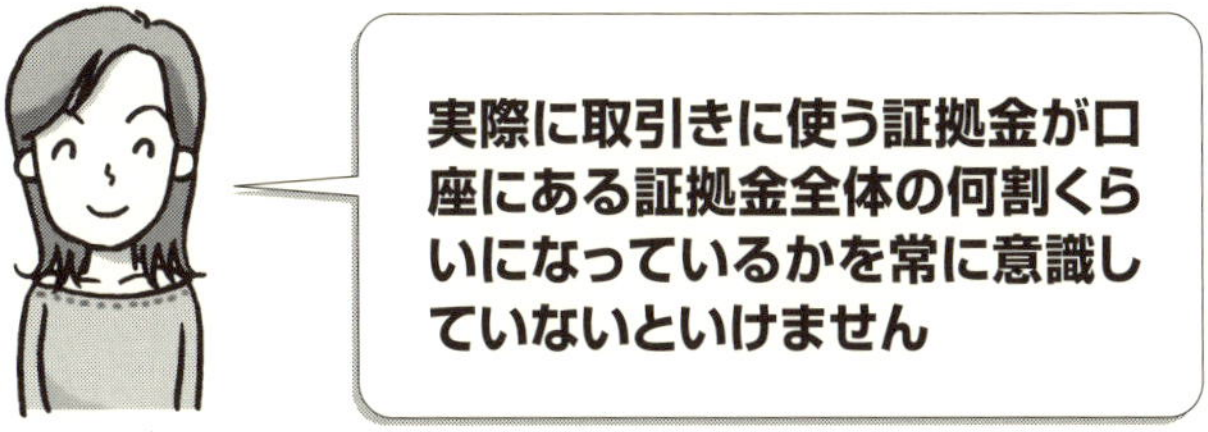
実際に取引きに使う証拠金が口座にある証拠金全体の何割くらいになっているかを常に意識していないといけません

ステップ 1

取引手法に応じて口座は別々に

同じ口座ですべてをすると…

ＦＸの取引きには大きく分けて、

①スキャルピング
②デイトレード
③スイングトレード
④スワップトレード

という4つの手法があると1章でお話ししました。

これらは、別に厳密に分けられているわけではなく、だいたいの考え方や1回の取引きの期間などで分類したものです。別に、はっきりと線が引かれているわけでもありません。

そして、同じ会社の口座で、これらの取引きパターンを組み合わせてやっても全然、問題はありません。むしろ、そうしている人のほうが多いと思います。

でも、それはやめたほうがいいというのが私の考え方です。

ひとつの会社では通常、ひとつの口座しか開けません（タイプの違う口座を複数、つくれるケースもありますが、あまりお勧めしません）。

以前は、私もひとつの会社でひとつの口座を開き、そこでデイトレとスワップトレードをしていました。そもそも、デイトレとスワップトレードを分けるという発想がなかったのです。

そうすると、エントリーの仕方や決済の判断が、段々曖昧になっていきました。自分に都合よく考えてしまうのです。

たとえば、デイトレで買ったポジションなのに、損が大きくなってきたら、「まあスワップ金利も付くし、スワップ用にしておけばいいか」といった感じで、決済を先延ばしにしがちになるのです。結局、塩漬けになって資金がそこに固定化してしまいます。

そうなると、せっかく「ここでエントリーすれば絶対、儲かるのに」というタイミングが来たときに、口座に証拠金があまりなくてエントリーできないということになってしまいます。

いろんな取引方法をごちゃまぜにしていると、エントリーや決済の判断も中途半端になりがちです。スワップを狙うなら、金利の高い通貨を、相場が安いときに買うのがベスト。

しかし、デイトレで稼ぐなら、金利の高い低いはほとんど関係ありません。相場の動きが重要なのです。それを区別していないばかりにエントリーの判断が鈍ったり、狂ったりしてしまうのです。

また、決済についても、スワップ用に持っているはずのポジションなのに、為替差益が出ているとつい利益を確定させてしまうこともあります。スワップトレードとしての判断が、ぶれてしまうのです。

つまり、デイトレをしているときは、デイトレ用の頭に切りかえてやらないとだめですし、スワップのポジションを持つなら、そういう発想でやらないとだめ。

私は、この区別をするようになってから、まずデイトレ口座に塩漬けポジションがなくなりました。その分、資金効率がよくなって、チャンスを生かせるので、当然それまでより稼げるようになりました。

3つの口座を使い分け

現在私は、**投資手法に応じて、ＦＸ会社（そして口座）を別々にしています。**

主力のデイトレ用はひとつだけ。ほとんど毎日、この口座でトレードをしています。そして、毎月月末に、デイトレ口座で増えた分を出金します。

スワップ口座はレバレッジを低くして、外貨預金よりもちょっといいぐらいの利回りを狙う方法で運用しています。

スワップ口座はどちらかというと、損切りはしないで中長期運用が前提です。年に何回か、特定の通貨が暴落したり、円高が急速に進んだりするときがあるので、そのタイミングを狙って買い、中長期運用するわけです。

注文のタイミングが見つからない場合は、口座に証拠金はそのまま置いておきます。

スイング用の口座は、2～3日から1週間程度、せいぜい2週間ぐらいの間に決済します。スイングはトレンドがはっきりしているときはいいのですが、流れが分かりにくいときは様子見です。

以上、3つの口座について、取引きの時間やエネルギー配分と資金（証拠金）の配分は、図のようになっています。

図28　私の口座ごとの配分

時間配分

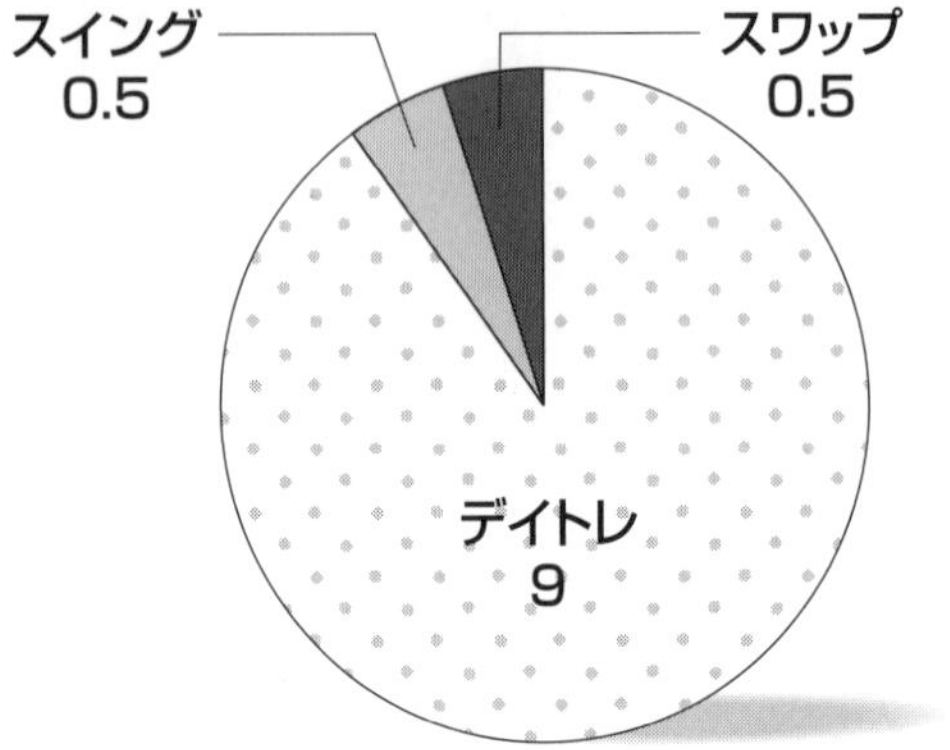

資金配分

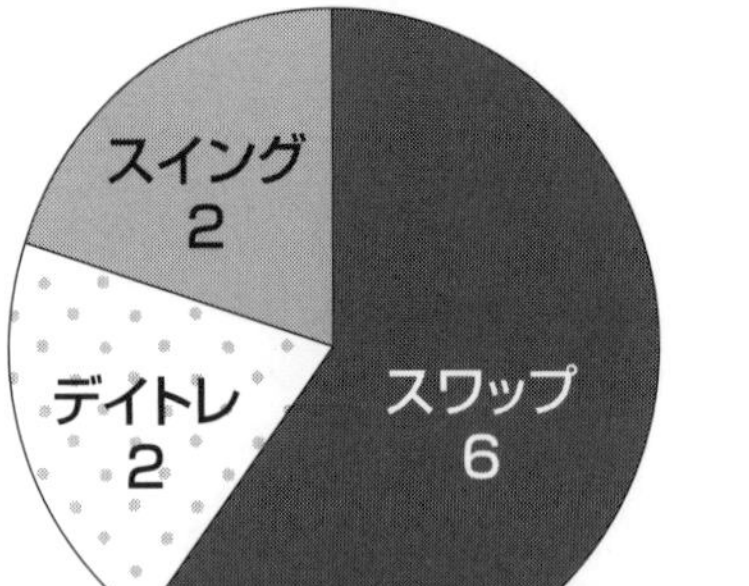

日々デイトレ口座で稼ぎ、それをスワップ口座にまわして堅実に増やすというのが基本イメージです。

みなさんもぜひ最低2つ、デイトレ用とスワップ用の口座を用意するといいと思います。

ステップ2 主力のデイトレはテクニカルに集中

なぜテクニカルなのか？

外国為替の相場がどう動くのかは、正直いって私にはよく分かりません。いろいろな要素がからみあって、上がったり下がったりするのでしょう。

でも、そんなことは、あまり問題ではありません。要は、勝てばいいのです。

それには、**「テクニカル（分析）」に集中することだと私は考えています。**

「テクニカル」というのは、相場の動き（上昇や下落のトレンド、幅、変化率など）に着目して、先の動きを読もうとする考え方です。相場は上がれば下がり、下がれば上がります。相場の動きの規則性や傾向に注目するやり方といえるでしょう。

これとは反対に、世界の政治状況や経済環境などに注目するやり方もあります。それが**「ファンダメンタルズ（分析）」**と呼ばれるものです。株式なら、景気がよくなって企業業績が改善したから株価が上がる、といったことです。

外国為替の場合は、通貨間の金利差がどうなるかとか、最近の日本ならボーナスの時期になると個人投資家が外貨預金や外貨建て投資信託を買うので円安にふれやすい、といったことです。

しかし、私のようなありふれた個人投資家には、ファンダメンタルズは複雑すぎて分かりません。世界中の経済動向、それぞれの国の金利動向などプロでもなかなかすべて分析しきれないのに、素人と変わらない私が、ファンダメンタルズをうんぬんしても始まりません。

それよりは相場の動き、つまりチャートを見て、その動きに神経を集中するほうが効率的だと思っています。

図29　テクニカル分析とファンダメンタルズ分析の違い

	テクニカル分析	ファンダメンタルズ分析
1	チャートを見る（チャート分析ともいう）	経済状況や政治動向など相場を動かす外的要因を見る
2	ローソク足をはじめ、移動平均線、MACD、ストキャスティクスなど	具体的には金利、経済政策、原油価格、要人の発言など
3	過去の相場の動きから将来の動きを予想する	それぞれの外的要因が相場に与える影響を予想する
4	どちらかというと、中短期のトレンドを探る手法といわれる	どちらかというと中長期的なトレンドを探る手法といわれる

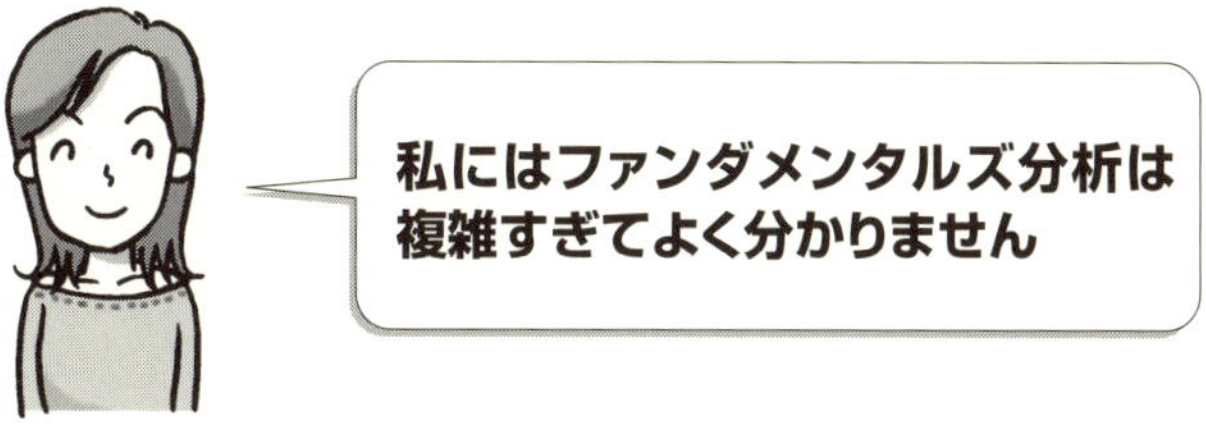
私にはファンダメンタルズ分析は複雑すぎてよく分かりません

もちろん、ファンダメンタルズをまったく無視するわけではなく、重要な経済指標が発表されるときなどは、無理にトレードはせず、相場の方向性がはっきりするのを待ちます。

エントリーのタイミング

デイトレで重要なのは、エントリーのタイミングです。

基本は、下がり切ったと思われるところで「買い」、上がりきったと思われるところで「売る」ことです。

その判断は、「ローソク足」が基本になります。

68〜73ページで説明したように、上昇基調のとき、ローソク足がこの形になれば、そこから反転して下がる確率が高いとか、逆に下がってきたときにこの形が出たら、そこから反転して上がる確率が高いとかいう経験則があります。

これはすごくわかりやすいし、私も実際にその経験則を学んで参考にしています。

ところが、ローソク足を見てはいるけど、よく分かっていないという方も多いようです。パターンをすべて覚えなくても構いませんが、基本的な形くらい頭にたたき込まないとお話になりません。

デイトレで勝つ人というのは、やはりローソク足をきちんと読めている人。それだけで勝つ確率は確実に大きくなります。

私はさらに、この「ローソク足」に移動平均線（特に20日の移動平均線を重視）を重ねて上昇、下降のトレンドを見ます。そして、「ゴールデンクロス」や「デッドクロス」を目安にエントリーするのですが、時には相場がその通りに動くとは限りません。

チャートでは上昇のサインが出ているのに、実際の相場では下がってしまうという**嘘のシグナルを「だまし」と呼びます。**「だまし」に遭いにくくするため、ほかの分析を組み合わせます。私がよく使うのは、**「MACD（マック・ディー）」**と呼ばれるチャート分析です。

MACDも、同じように「ゴールデンクロス」や「デッドクロス」を目安にします。ただし、MACDと普通移動平均線のクロスとはタイミングが前後するので、その判断にはやはり経験と勘が必要です。

もうひとつ、私がよく使うのが**「ストキャスティクス」**というチャート分析です。これはその通貨が売られすぎか、買われすぎかを見るものです。これだけを単独で見ることはありませんが、相場がグーッと下がっているときに売られすぎていたら、その後、上昇に転じる確率が高いなと判断できます。

ほかにも、「ボリンジャーバンド」とか「RSI」を見たりもしますが、初めての人はまずローソク足、移動平均線、MACD、ストキャスティクスあたりを組み合わせて、タイミングを判断するようにしたらいいと思います。

いくつか、実践的なパターンを載せておきます。

ただ、これはあくまで一例であり、必ず勝てるとは限りません。自分なりにぜひ研究してみてください。

利益は決済して初めて確定

エントリーはローソク足が基本ですが、そこに、複数のチャート分析を重ねて判断していけば、そこそこいけるようになります（もちろん、読みがはずれることもあります）。

図30 主なテクニカル分析

種類	どんなものか	判断の目安
MACD	Moving Averaga Convergenceの略。トレンドの変化を見つけるのに役立つとされる。	・2本の線が交わったときがポイント ・先行線が退行線を下から上に抜いたときが「ゴールデンクロス」、上から下に抜いたときが「デッドクロス」
スローストキャスティクス	相場が売られすぎか、買われすぎかを判断するのに役立つとされる。	・20以下で売られすぎ、80以上で買われすぎを表す ・単独では用いず、必ず他のテクニカル分析を組み合わせる
RSI	Relative Strength Indexの略。相場が売られすぎか、買われすぎかを判断するのに役立つ。	・30以下で売られすぎ70以上で買われすぎを表す
ボリンジャーバンド	相場が過去の価格推移から見た一定の範囲（バンド）にあるかどうかを判断するのに役立つ。	・バンドが一種のサポートライン、レジスタンスラインなる

ローソク足、移動平均線にこれらをプラスして判断します

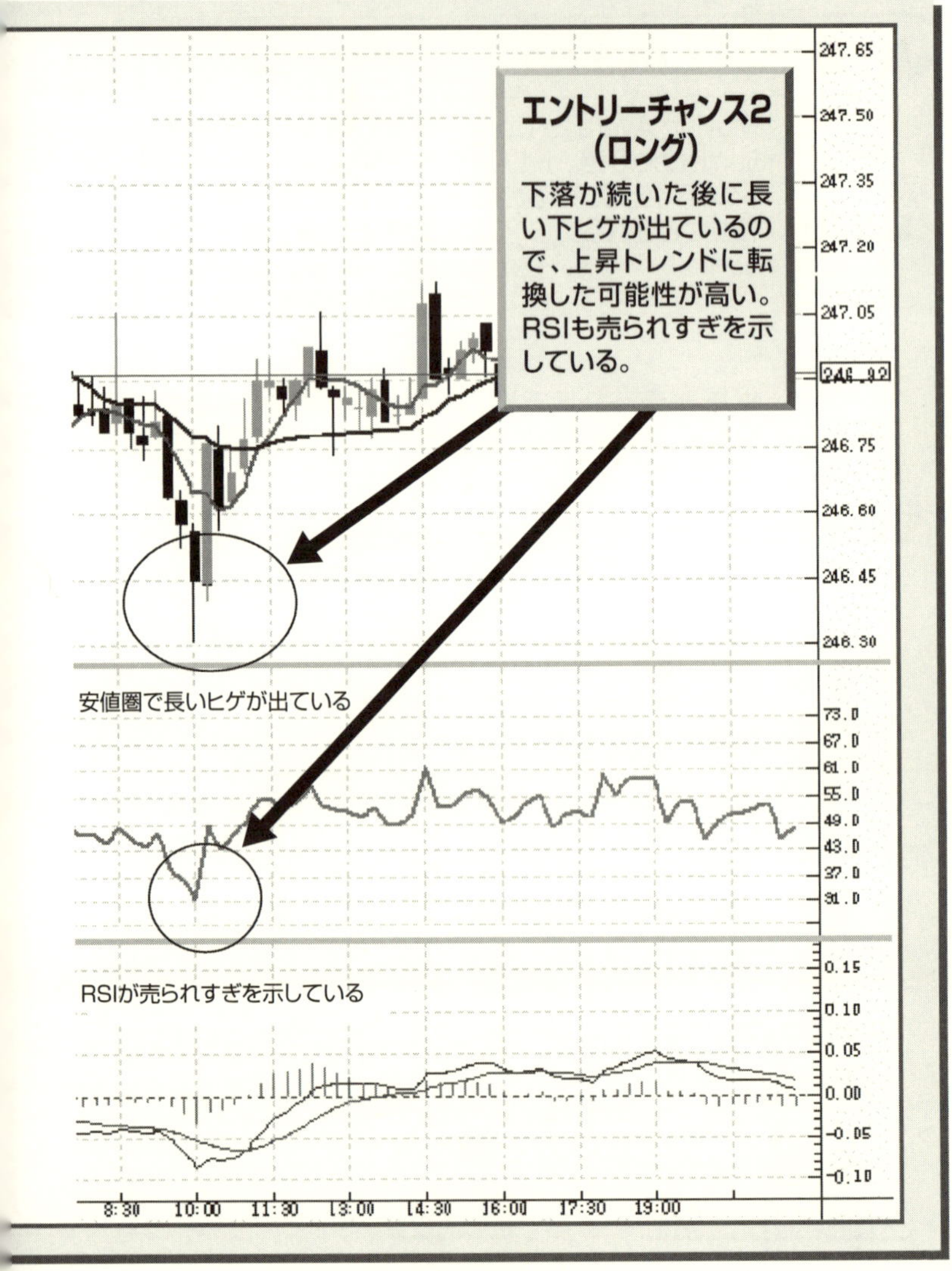
エントリーチャンス2
(ロング)
下落が続いた後に長い下ヒゲが出ているので、上昇トレンドに転換した可能性が高い。RSIも売られすぎを示している。
安値圏で長いヒゲが出ている
RSIが売られすぎを示している
247.65
247.50
247.35
247.20
247.05
246.92
246.75
246.60
246.45
246.30
73.0
67.0
61.0
55.0
49.0
43.0
37.0
31.0
0.15
0.10
0.05
0.00
−0.05
−0.10
8:30
10:00
11:30
13:00
14:30
16:00
17:30
19:00

図31 エントリーの

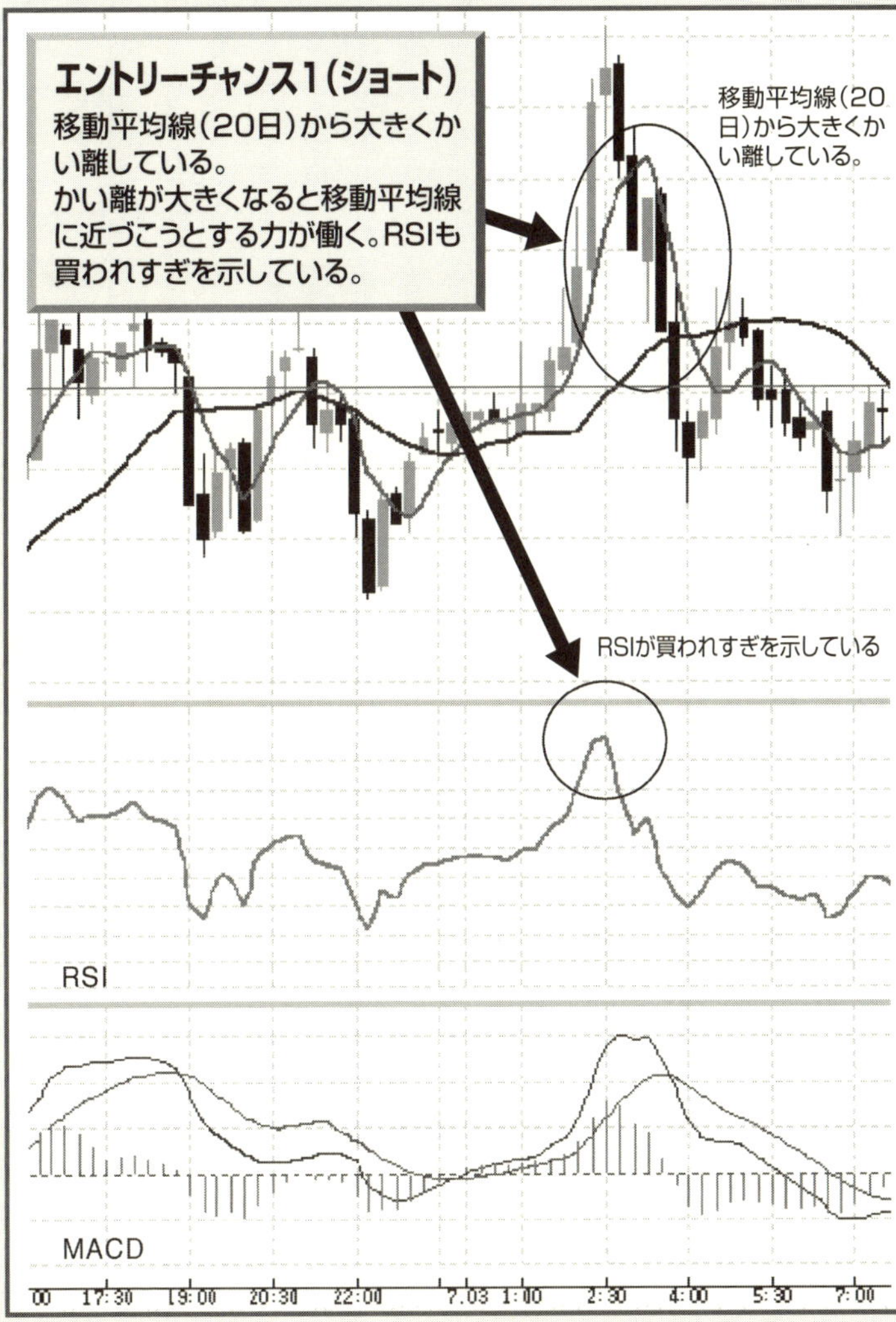
エントリーチャンス1（ショート）
移動平均線（20日）から大きくかい離している。
かい離が大きくなると移動平均線に近づこうとする力が働く。RSIも買われすぎを示している。
移動平均線（20日）から大きくかい離している。
RSIが買われすぎを示している
RSI
MACD
00 17:30 19:00 20:30 22:00 7.03 1:00 2:30 4:00 5:30 7:00

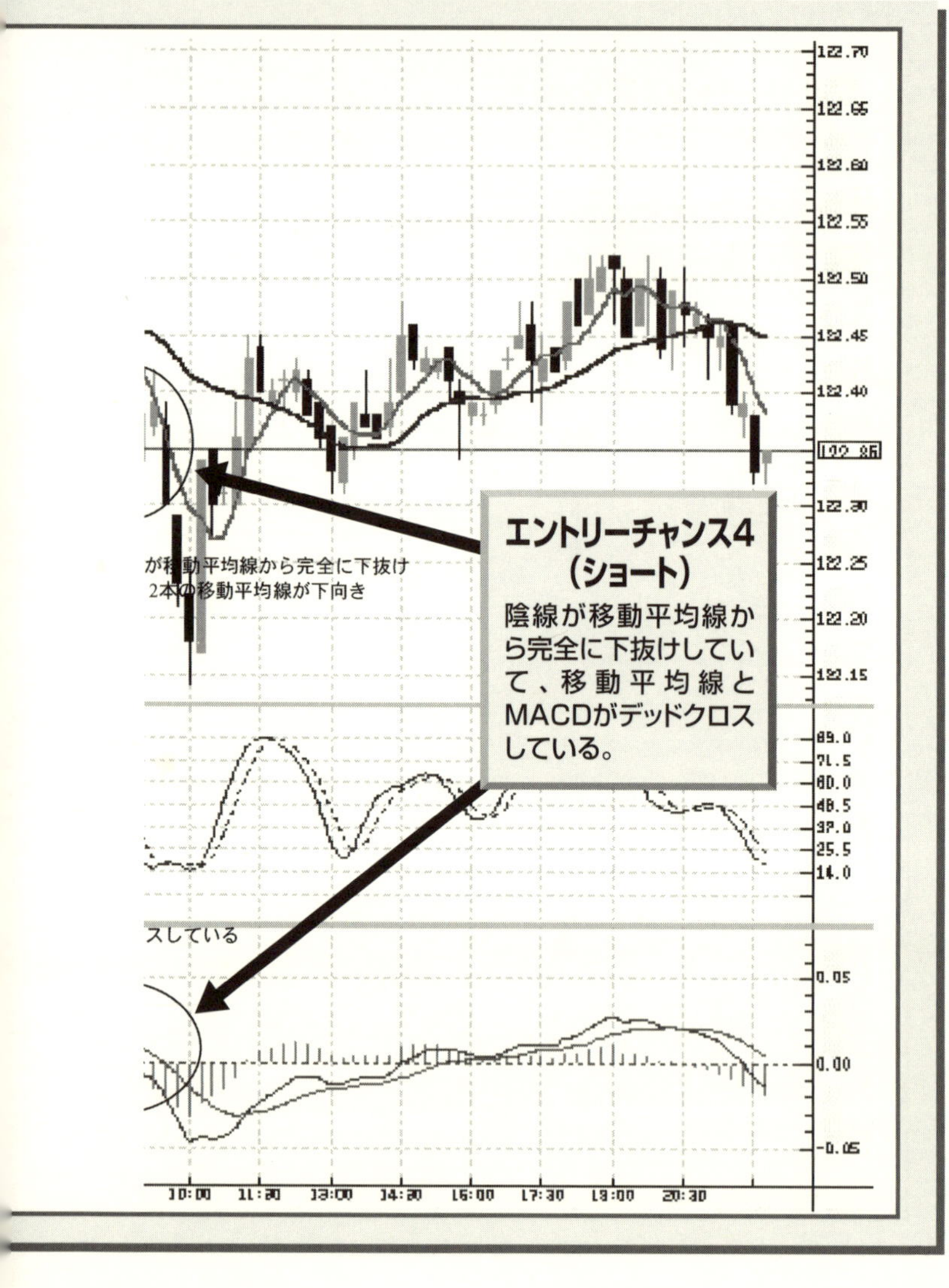
122.70
122.65
122.60
122.55
122.50
122.45
122.40
122.35
122.30
122.25
122.20
122.15
が移動平均線から完全に下抜け
2本の移動平均線が下向き
エントリーチャンス4
（ショート）
陰線が移動平均線から完全に下抜けしていて、移動平均線とMACDがデッドクロスしている。
89.0
71.5
60.0
48.5
37.0
25.5
14.0
スしている
0.05
0.00
-0.05
10:00
11:30
13:00
14:30
16:00
17:30
19:00
20:30

図32 エントリーの

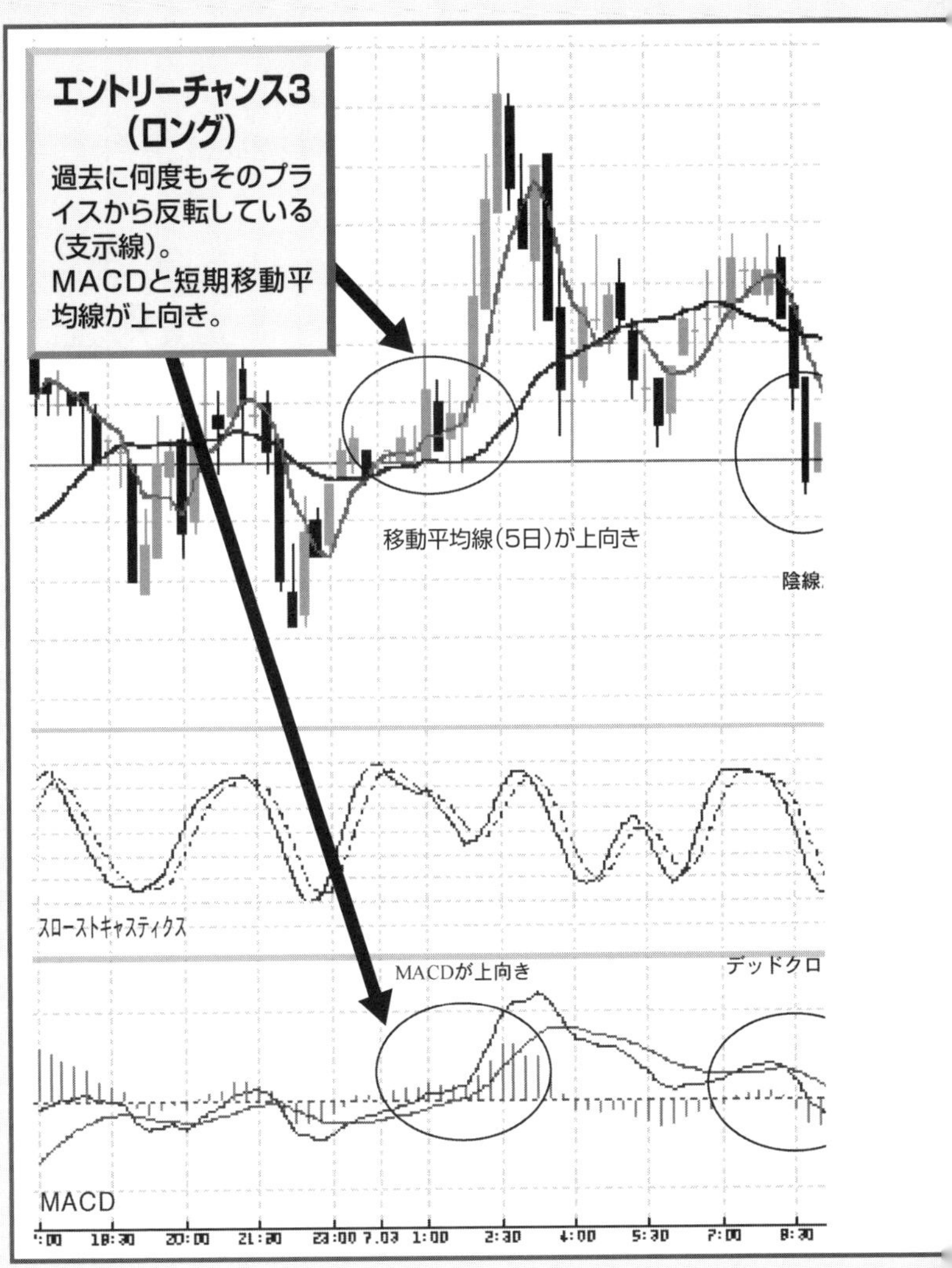
エントリーチャンス3
(ロング)
過去に何度もそのプライスから反転している(支示線)。
MACDと短期移動平均線が上向き。
移動平均線(5日)が上向き
陰線
スローストキャスティクス
MACDが上向き
デッドクロ
MACD
:00
18:30
20:00
21:30
23:00 7.03
1:00
2:30
4:00
5:30
7:00
8:30

実践テクニック(3)

エントリーチャンス5(ショート)

過去に何度もその位置で下落に転じている(抵抗線)。

図33　エントリーの

しかし、実際に利益を確定させるためには、決済しなければなりません。**基本は、損は早目に小さいうちに損切りし、逆に利益は最大までひっぱること。**やってみると分かりますが、損切りはストップを必ず入れることで徹底できますが、利益を伸ばすというのがなかなか難しいのです。たとえば、私の場合、「押し目」のところで、反転するのではないかと思い、「もういい、ここで確定させちゃおう」となりがちです。

それで、また上がり始めたり、下がり続けると、慌ててエントリーしなおす始末。それでは、スプレッドの分、利益が目減りしてしまいます。利益をいかに大きく伸ばせるかが、いまの課題です。

「押し目」に惑わされないひとつのやり方としては、**チャートの表示を「ローソク足」から「コマ足（平均足）」に切り替え、参考にすることです。**これは「ローソク足」とは違って、相場が上昇傾向か下落傾向かというのを分かりやすく表示したもので、相場のトレンドの変わり目が分かりやすくなっています（もちろん、万能というわけではありませんが）。

図34 決済のタイミングは「コマ足」を参考に

●ローソク足

ローソク足で見ると上ひげの長い陰線があり、そろそろ天井かな?

表示を切り替え

●コマ足(平均足)

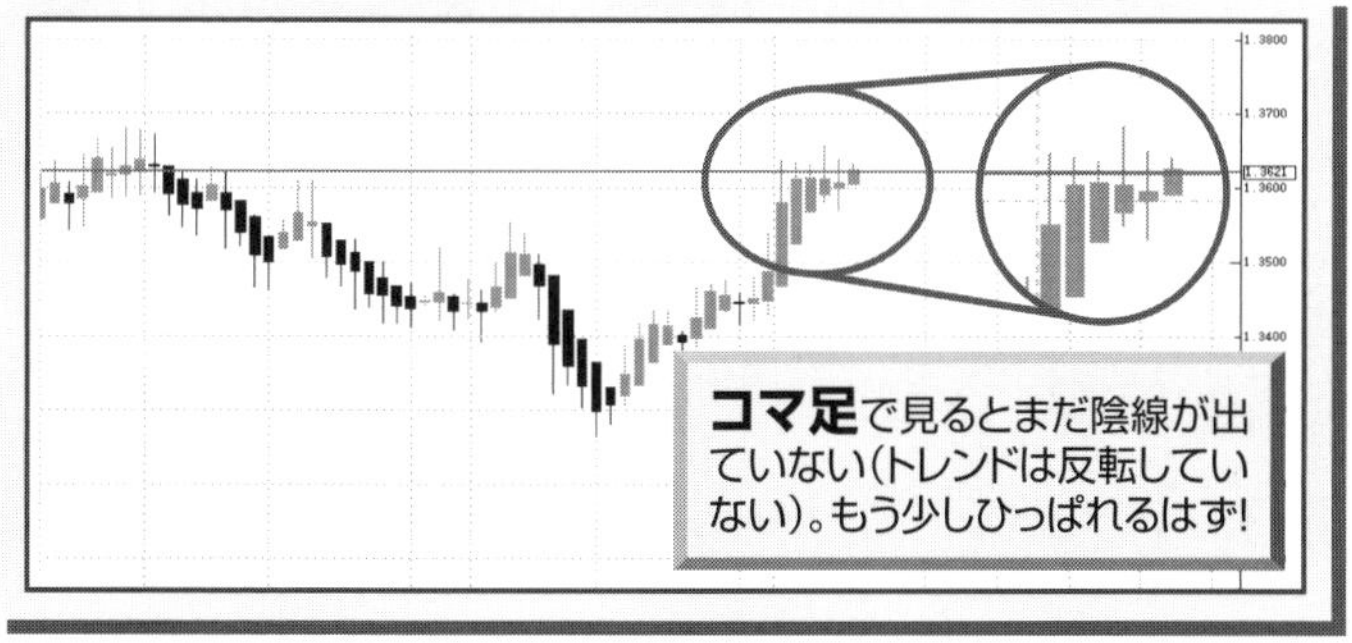
コマ足で見るとまだ陰線が出ていない(トレンドは反転していない)。もう少しひっぱれるはず!

私は利益を最大限までひっぱるため、「コマ足」で判断するようにしています

ステップ3

ロスカット（損切り）の徹底が負けないコツ

ストップの入れ方

ここまで何度もお話ししたとおり、私は「ストップ」による**損切りを自分で徹底できるようになってから、コンスタントに稼げるようになりました。**

相場は動いているから、ちょっとエントリーのタイミングが悪くても、また戻ると考えがちです。確かに待っていればかなりの確率で戻ります。でも、万が一戻らなかったときには、とても大きな損失を出してしまうのです。

「ストップ」の入れ方にはいくつかあります。

第1は、79ページで紹介した**機械的にピプス数を決めて入れるやり方**。ストップを30ピプス幅、リミットは50ピプス幅といった感じです。私の場合、よくトレードする「ポンド／円」では動きが激しいので最大１００ピプスまでの範囲で設定します。

第2は、直近の安値や高値を目安にするやり方。たとえば、1時間のローソク足で見たとき、前の10時間（ローソク足10本分）の一番高値や安値のところで「ストップ」を入れるのです。

第3は、**資金の何%までは損してもいいという入れ方。**私の場合、資金の5%を「ストップ」の上限にしています。たとえば、100万円なら5万円までの損失ですね。

FXの会社によっては、画面上で損失額を入れれば、自動的にそれに対応した相場のレートを計算して、「ストップ」を入れられるものもあります。許容範囲を金額で設定することのできるこの方法が、初心者にはやりやすいと思います。

以上のうち、どれがいいか、自分にはどれがあっているかは、トレードをやりながら研究するしかありません。ただ、「ストップ」にかかってばかりではやはり勝てません。

私自身、「ストップ」の入れ方はどんどん変わってきています。最初は全然、入れなかったところから、機械的にピプス数で設定するようになり、いまはかなり慣れてきたので、そのときの状況に応じて臨機応変に判断するようになってきました。

目安としては、**動きが激しいときはストップ幅を大きくとり、あまり相場の動きが激しくなければ小さくしています。**抵抗線や支持線をストップの目安にすることもありますし移動平均線を参考にすることもあります。つまりエントリーした根拠によってストップの入れ方を変え、1ピプスでも損を少なく抑えるよう努力しているのです。

また、取引きの枚数（枚数により1ピプス動いたときの損益の額が異なる）によりますが、たとえば5万円の損まで許容できるなら、その範囲のぎりぎりのところまでまず入れておいて、相場が予想通り動いてきたら、だんだん「ストップ」の位置を動かすこともよくやります。

逆に、ストップにひっかかっても、自分のエントリーの判断に自信があれば、損を取り戻すため、今度は倍の枚数でエントリーすることもあります。

それでもまた「ストップ」にかかれば、さらに枚数を増やしてエントリーします。

もちろん、大きなトレンドを確認した上で、エントリーのシグナルが明確に出た場合に限りますが、1回目、2回目で失敗しても3回目、4回目のエントリーで利益が出ることも多いのです。このように、私はストップにかかってもめげずに、エントリーチャンスと思えば何度もエントリーします。

普通、「ストップ」に1回、2回と続けてかかると怖くなると思いますが、私はそこで枚数を増やしてエントリーするのです。

これを最初、実践するときは本当にドキドキでした。これは誰にでも使えるテクニックではないかもしれませんが、「ストップ」の入れ方を日ごろから意識して研究してきた成

図35　ストップはこう入れる

❶ 機械的にピプス数を決めて入れる

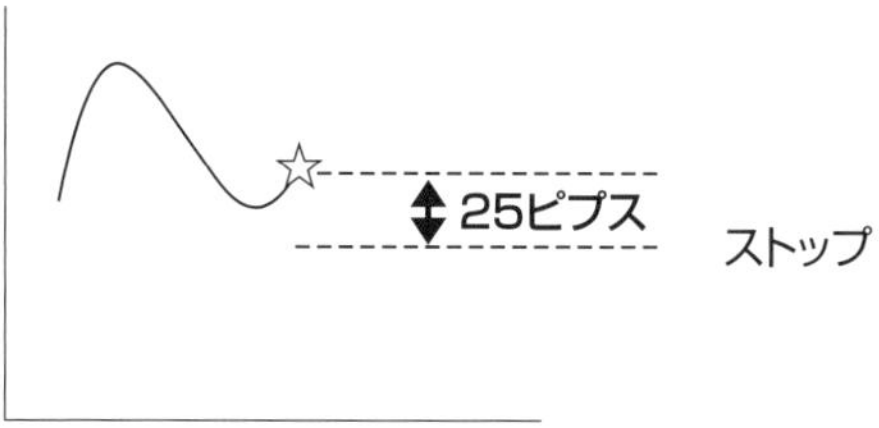

❷ 直近の高値・安値を目安に入れる

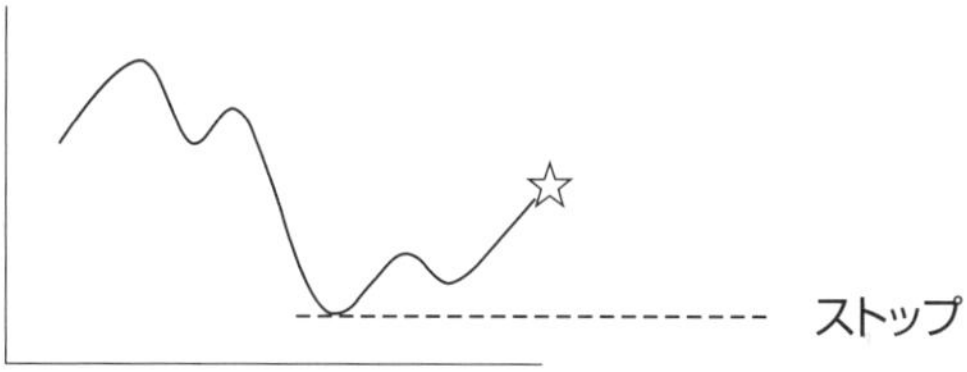

❸ いくらまでは損してもいいかを基準に入れる

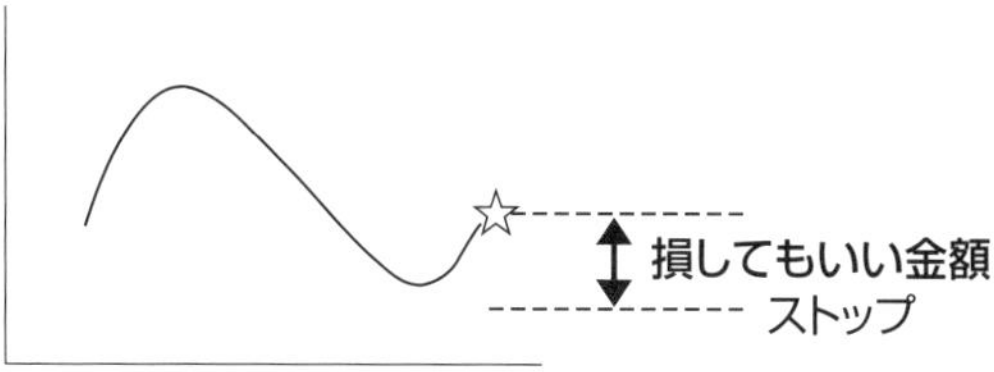

果かなと思っています。

いずれにしろ、**「勝ち方」ではなくて、「負け方」を研究するのが、実はとても大事です。**このことは、どれだけ強調しても強調しすぎることはないと思います。

ストップは相場に合わせて動かす

私の場合、相場をリアルタイムで見ていられるときは、「ストップ」だけ入れて、読みどおりに相場が動いたら、「ストップ」も徐々にスライドさせます。

たとえば「ストップ」の幅が30ピプスあったとしましょう。相場がエントリーから30ピプス予想どおりに動いたら、ストップをエントリーのところまで動かせば、逆に動いても損はなく、ゼロで終わります。

予想の方向に60ピプス動いたら、さらに「ストップ」を30ピプス分動かして、30ピプスは利益を確定させます。

そんなふうに、「ストップ」も細かく変更するのです。面倒に思われるかもしれませんが、常に「ストップ」、つまり発生しうる損失を意識していることが大事なのです。これを自動で行うトレーリングストップという機能もあります。

もちろん、ずっとそのままというわけではありません。相場がいよいよ反転しそうになれば、そこで決済します（決済すれば、「ストップ」も自動的に取り消されます）。

チャートを見ながらのテクニカルな取引きは、理屈は簡単（安いところで買い、高くなれば売る。逆も同じ）なのですが、実際それをどのように実行するかとなると、いろいろテクニックや決断のスピードなどがあって、そこが難しいのだと思います。

ステップ4　スワップ口座はあくまで心のお守り

スワップの弱点

スワップ口座は、スワップポイント（金利）狙いです。FX投資を解説した本では、このスワップポイントをメインに狙うように説明しているものもあります。金利の低い円を売り、金利の高いポンドやニュージーランドドルなどを買い、金利が増えるのを楽しみながら、ついでに為替差益もゲットするというイメージでしょうか。

でも、**このやり方だと、為替相場が動くと、損失がふくらむ可能性があります。**ここ2年ほどは基本的に円安基調できていますが、時々、急激に円高に振れることがあります。

そうすると、**スワップ狙いでポンドやニュージーランドドルをたくさん持っている人は、大変なことになるわけです。**私もそれで過去に痛い思いをしています。実際、レートが大きく動くとそれまで稼いだスワップポイントなど、すぐに吹き飛んでしまいます。

スワップ中心のFX投資にはもうひとつ、弱点があります。それは、デイトレ以上に「損切り」が難しいこと。

もともとスワップポイントを稼げるので、多少相場が下がっても、「そのうち、また戻るだろう」と我慢してしまうのです。スワップ中心のFX投資は、確かに簡単ですし、すぐできます。でもその分、安易に考え、どんどんはまってしまう危険もあるのです。

仕込みのタイミングにこだわる

もちろん、私もまとまった金額をスワップ口座に入れています。

でも、**主力はあくまでデイトレ。**スワップはおまけという位置づけです。デイトレでは、

図36 主な通貨金利のスワップ金利の例(1万通貨単位、1日あたり)

通貨ペア	「買い」の場合、1日あたりのスリップ金利	レート
米ドル/円	158円	122.58円（年利4.7%）
英ポンド/円	351円	248.88円（年利5.1%）
オーストラリアドル/円	161円	106.32円（年利5.5%）
ニュージーランドドル/円	196円	96.42円（年利7.9%）
ユーロ/円	160円	163.93円（年利3.5%）

※2007年7月13日、「外為どっとコム」の例
※「米ドル／円」を例にとると　158円×365日=5万7670円
5万7670円÷(122.58×1万通貨単位)=4.7%

FX会社によってかなり差があるので調べてみてください

負けることもあります。時には、何回も連続して、「ストップ」にかかることもあります。投資ですから、それは仕方ありません。

そんなとき、少しずつですが毎日残高が増え続けるスワップ口座があるというのは、デイトレで負けたとき、心の支えになるのです。

問題は、**スワップ口座での取引きの仕方でしょう。**

私は、円が相当高くなったときや、他の通貨でも売られすぎの通貨（金利が高いものに限ります）があったとき、年に数回だけ「買い」を入れます。

それ以外は、スワップポイントの付き方（日々変化します）と、相場をチェックするくらい。

そういう意味では、**スワップ用の通貨に予め狙いをつけておくことが大事です。**金利が高い通貨と安い通貨の組み合わせ（スワップポイントの高い組み合わせ）をサイトなどで調べ、為替相場のレートと照らし合わせながら、比較的安く金利の高い通貨を買えるタイミングを見計らうのです。

スワップ口座は、デイトレ口座とは違って長期保有が前提ですし、損切りは基本的に考えません（時と場合によっては損切りが必要になることもあるかもしれません）。そのため、レバレッジは3～5倍くらいにしています。

このように、スワップ口座はレバレッジ管理を徹底し、通貨の選び方や組み合わせ方にも、いろいろ工夫と研究の余地があります。

ぜひ、みなさんも自分なりのやり方を見つけてください。

ステップ5

「投資ノート」で自分を見つめる

毎日、トレード内容をメモ

私は、ＦＸに真剣に向き合うようになってからは、毎日、トレードの内容をノートに記録しています。いくらでエントリーして、いくらで決済したのか。ストップにひっかかったときはもちろんストップの金額を書きます。

前は、エントリーの価格だけ書いていましたが、最近はなぜそこでエントリーしたのか、ローソクの形がこうなったとか、ゴールデンクロスしていたとかという根拠や理由も書くようにしています。

それを繰り返していると、相場観が磨かれてきます。

初心の方は、値ごろ感で、何となくエントリーするケースが多いようです。名づけて「お気軽てきとーエントリー」。

私も時々やってしまうのですが、たとえば、勢いよく下げていると、あ、この波に乗りたいと思って、慌ててショート（「売り」のエントリー）してしまうのです。

でも、それだけでは根拠としては弱すぎます。

そうではなく、ローソク足がこうなっているとか、移動平均線がこうだとか、何か大きなニュースが入ったとか**自分なりの理由をちゃんとノートに書くようにしていると、自分なりに理由を考えながらエントリーできるようになるのです。**

テクニカルトレードする場合、エントリーの判断基準があり、それに当てはまらない限りはエントリーしないというのが原則。自分の中でエントリーする基準をつくっておいて、エントリーするときには必ず、それに照らし合わせて確認をしましょう。

これが、テクニカルで勝つための大原則です。

私の場合、**エントリーの基準は5〜7つくらい。**すごいシンプル。何か特別なことをしているんじゃないかと思われることもありますが、そんなことは全然ありません。勝ち続ける人ほど、基準はシンプルなのだと思います。

大事なことは、それを徹底すること。しかも、矛盾しているようですが、それを状況に応じて変えていく。この感覚が大事です。

図37　わたしの投資ノートの記入例

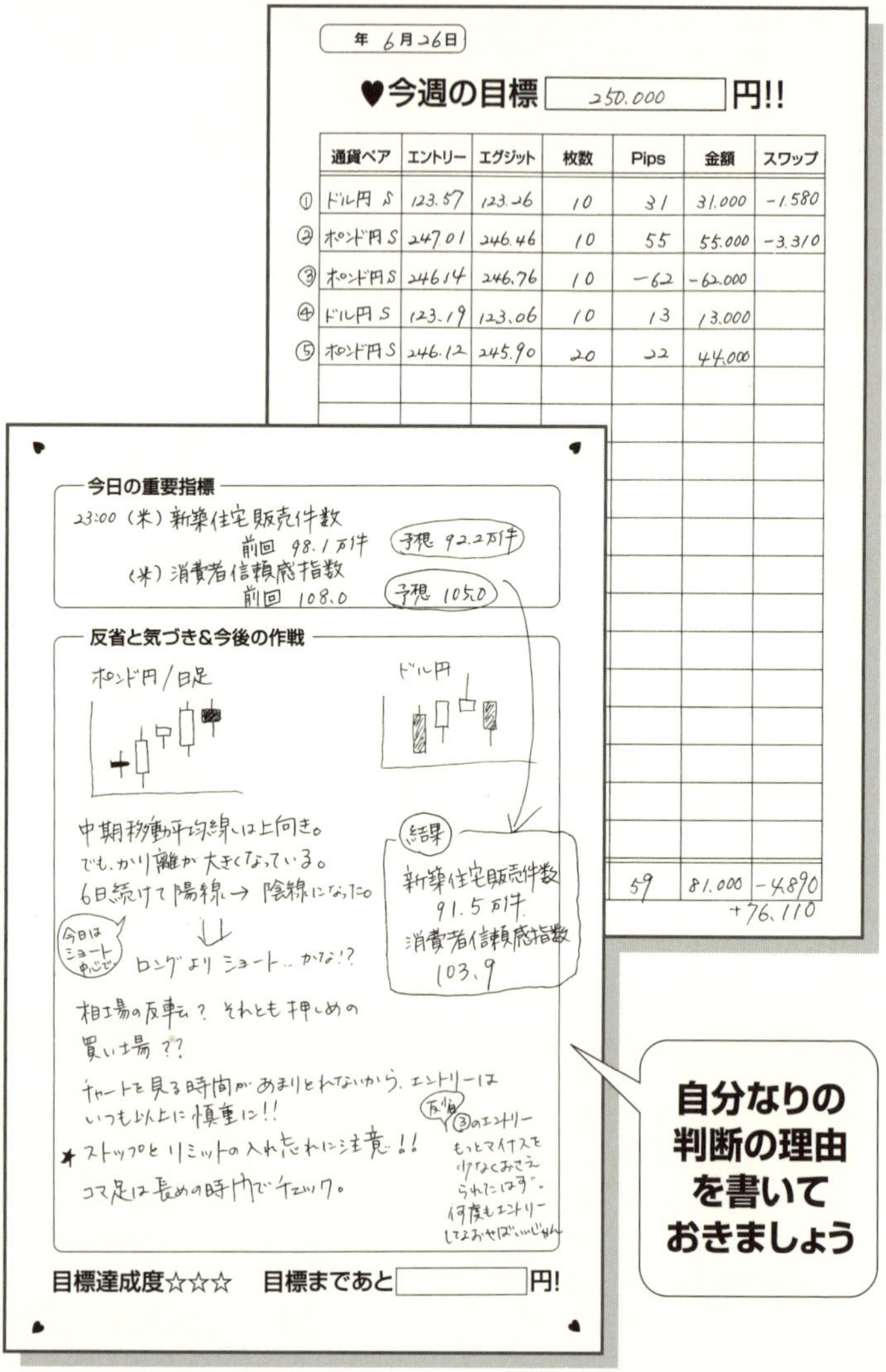
年 6月26日
♥今週の目標 250.000 円!!
通貨ペア エントリー エグジット 枚数 Pips 金額 スワップ
① ドル円 S 123.57 123.26 10 31 31.000 -1.580
② ポンド円 S 247.01 246.46 10 55 55.000 -3.310
③ ポンド円 S 246.14 246.76 10 -62 -62.000
④ ドル円 S 123.19 123.06 10 13 13.000
⑤ ポンド円 S 246.12 245.90 20 22 44.000
59 81.000 -4.890
+76.110
今日の重要指標
23:00 (米) 新築住宅販売件数
前回 98.1万件 予想 92.2万件
(米) 消費者信頼感指数
前回 108.0 予想 105.0
反省と気づき&今後の作戦
ポンド円/日足
ドル円
中期移動平均線は上向き。
でも、かい離が大きくなっている。
6日続けて陽線→陰線になった。
今日はショート中心で
ロングよりショート…かな!?
相場の反転? それとも押しめの買い場??
チャートを見る時間があまりとれないから、エントリーはいつも以上に慎重に!!
★ストップとリミットの入れ忘れに注意!!
コマ足は長めの時間でチェック。
結果
新築住宅販売件数
91.5万件
消費者信頼感指数
103.9
反省 ③のエントリー
もっとマイナスを少なくおさえられたはず。
何度もエントリーしなおせばいいじゃん
目標達成度☆☆☆ 目標まであと 円!
自分なりの判断の理由を書いておきましょう

「投資ノート」の力

こうした経験をもとに、最近、「FX投資ノート」をつくり、メルマガやブログで紹介したところ、予想以上に多くの方からご注文をいただきました。

ここでは購入者のお一人からいただいたメールをちょっとご紹介します。

> はじめまして。
> 日頃から万友美さんのブログを愛読する者ですが、投資ノートのことで一言お礼が申し上げたくてメールさせていただくことにしました。
> 投資ノートを購入させていただいた理由はただひとつ、「自分で決めたルールを破る」という悪癖を絶つきっかけとするためでした。
> 以前からEXCELとWordを使って日々の取引記録を克明に記録し、

反省点や今後の戦略をトレード日誌に記してきたのですが、
どうしても取引ルールがきっちり守れませんでした。

仕事や日々の暮らしでは自分で決めたことを貫くタイプなのに、
ＦＸとなると意地になったり、感情的になったり、
悪い意味でアグレッシブになってしまうのです（本性が顕れるのでしょうか）。

そこで、万友美さんとよよかさんの投資ノートを使い切っても
ルールが守れないようであれば、潔くＦＸをやめることに「決め」、
その旨をノートの冒頭に記しました。

最初の１ヶ月は一向に改善が見られず、
ノートは自分自身への怒りと反省の言葉で埋め尽くされ、
見るも無残な有様でしたが、
２ヶ月目に入ってからルール違反が目に見えて減ってきました。

先週からは自分で決めたエントリーの条件がひとつでも欠けていたら、ポジショニングを見合わせることがようやくできるようになりました。

それまでＷｏｒｄに書き込んできた思いの数々はまったく潜在意識に届いていなかったようです。

すっかり忘れていた手書きの威力に気づく機会を与えてくださった万友美さんに心から感謝します。

もちろん万友美さんとよよかさんの願いのこもったノートであったからこそ、奇跡が起こったのだと思います。

潜在意識といえば、10年ほど前に転業願望が募り、日記に手書きで
「私は今年中に今の仕事を辞め、○○で生計を立てる」
となにげに記しておいたら、その通りになりました。

ところが、収入はこの程度でいいとかなり低めの金額を記しておいたら、これまたその通りになっています（苦笑）。

だから、万友美さんの「決めて宣言」にはうなずくほかありません。

私にＦＸを続ける機会を与えてくださって、本当にありがとうございました。


私は、手書きの威力というものが絶対にあるような気がしています。たとえば私の場合、**「トレードのマイルール」を書いた小さな紙をパソコンの前に貼っています。**テレビ取材のときは恥ずかしいからとってましたけど。

同じ言葉でも、パソコンに入力するのとペンを使って手で書くのとでは全然効力が違う、というようなことを何かの本で読んだこともあります。

私は投資本を読んだり、セミナーに参加したりして勉強したことをまとめるための専用ノートを作っていますが、無意識のうちに「手書き」にこだわっていたみたいです。

いまは手帳ブームで、いろんな手帳や手帳本が出ていますが、それだけ「書くことの効果」を実感している人が多いってことなんじゃないかと思うのです。

手帳に書いて、くり返し見る。それだけで、あなたの中に眠っている勝ち組遺伝子が目覚めるかも!?


さて、以上5つのステップを踏めば、きっとあなたもFXで結果を残せるようになると思います。

もちろん、これで必ず勝てるというわけではありません。私はうまくいったのですが、人によっては違うかもしれません。大事なことは、あなたなりの勝利のルールを見つけ出すこと。そのためのヒントになれば幸いです。

第4章

損する人、失敗する人には共通点がある

1 失敗には必ず原因がある

ＦＸはやりようによっては、私のような普通の主婦でも比較的簡単にお金を稼ぐことができます。

でも、実際にはうまくいく人より、失敗する人のほうが多いのではないでしょうか。投資では、個人投資家の９割は損をしているともいわれています。そして、失敗するということは、必ず何か原因があるのです。

もちろん、外部のうかがい知れない原因で相場が乱高下することもあるでしょう。でも、私は投資する人のほうに問題があるケースが多いように思います。

ここでは私自身の失敗や、まわりで見聞きする失敗を整理してみた共通点をご紹介しましょう。

これからＦＸを始める方は「こうならないように」という戒めに、すでに始めていらっしゃる方は「ここがまずかったのか」という気づきにしてみてください。

図38　FXで損する人、失敗する人の共通点

その1	損切りができない。
その2	「過去にうまくいったらから今回もうまくいく」と思い込んでいる。
その3	「ポジポジ病」にかかっている。
その4	「勝率」と「仕掛け」にこだわりすぎる。
その5	自分以外のものに頼りすぎる。
その6	自分なりのルールがない。
その7	感情に負けてしまう。
その8	簡単に勝てる、特別な方法があると思っている。
その9	都合が悪くなるとすぐ「塩漬け」「ナンピン」に走る。
その10	コツコツ勝って、大きく負ける。

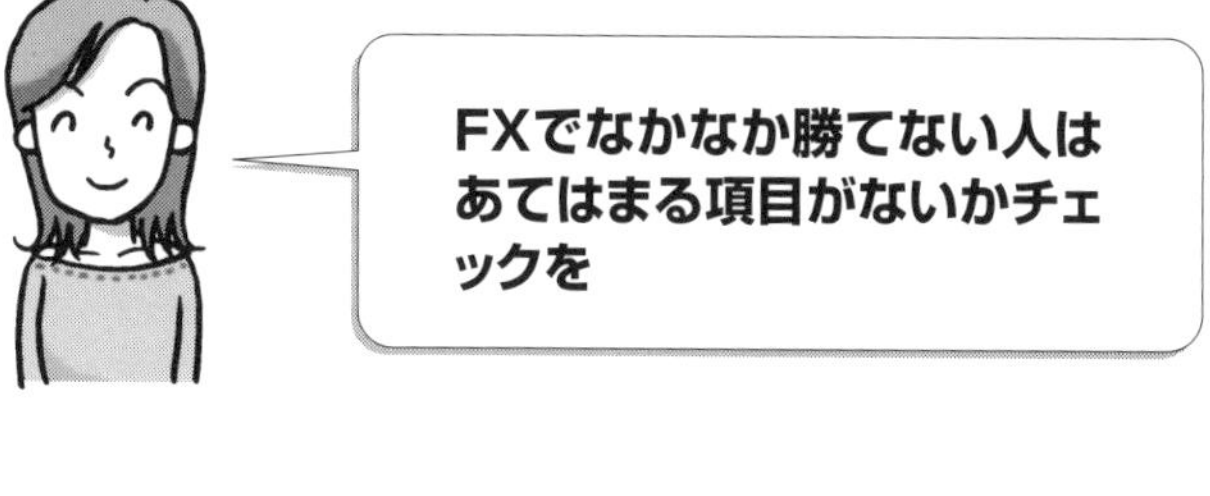
FXでなかなか勝てない人はあてはまる項目がないかチェックを

その1

損切りができない。

負けパターンで一番多いのが、これです。何度もストップにかかると「ストップにかかってばかりで、資金がだんだん減っている」ことが気になり、ストップを入れなくなります。

でも、相場が思惑と違う方向に大きく動いたときはこう言うんです。

「ストップさえ入れておけば、こんなことにはならなかったのに…」と。

人間って、つくづく勝手ですね。

損切り＝ロスカットできない人のトレードは、「大きく負ける」という結果になりやすいものです。ちょこちょこ勝ってはいるけれど、1回の負け金額が大きいため、結果としてマイナスになってしまいます。つまり、勝率はいいけど、収支はマイナス。

どうしても損切りできない人は、レバレッジを極力低くして、外貨預金感覚でトレードするのがお勧めです。

何度も言うようですが、「損切り」にこそ投資で勝つための最大の秘密が隠されていると思います。

その2
「前はうまくいったから今回も大丈夫」と思い込んでいる。

私は、トレードでの自分の経験をとても重視しています。他の人の言うことや本に書いてあることをすぐに真に受けたりはしません。必ずデモトレードで検証してみて、うまくいったらそこで初めて信用します。

ただし、自分の経験が重要だとはいっても、**「前はうまくいったから今回も大丈夫」と思い込むのは危険です。**

たとえば、自分が持っている通貨が暴落して維持率が危なくなったけど、結局持ちこたえて、そこから戻ったという経験などがそうです。この前大丈夫だったから今回も、「何とかなるんじゃないか」という、根拠のない楽観的な見通しを持ちやすくなるようです。**成功体験というのは、意外に失敗の始まりなのかもしれません。**常にそのことを意識しておくだけで、かなり差が出ると思うのですが、いかがでしょうか。

その3
「ポジポジ病」にかかっている。

毎日トレードをしていると、ポジションを持っているのが当たり前になってきます。すると、とにかく「買いたい」「売りたい」という気持ちが起こるのです。

特に「もっと儲けたい」「負けを早く取り返したい」という気持ちが強いと、決済してポジションがなくなると、いろいろな通貨ペアを物色して、明確なシグナルを確認することもなく、根拠のないエントリーをしがちになります。

もちろん、デイトレでやっている以上、1週間も2週間も何もエントリーしないというわけにはいきません。

かといって、1日ぐらい休んでもいいはずなのです。1日中全然チャンスがないということもないのですが、決済した後に、もうすぐ次に行きたくなる。

この症状が**「ポジション持ちたい病」**、**別名「ポジポジ病」**です。

なぜそこでエントリーするのか、自分の言葉ではっきり説明できないようなエントリーはするべきではありません。**確実に勝てるときだけエントリーすればいいのです。**

対策は自分で気をつけるしかないでしょうね。自分の気持ちがちょっと前のめりになっているときは、「ポジポジ病」の可能性ありです。意識して、ひと呼吸置きましょう。

その4　「勝率」と「仕掛け」にこだわりすぎる。

ＦＸ関係のメルマガなどでよく「勝率90％以上」というキャッチフレーズを見かけます。あれ、どう思います？

なんだかすごく勝っているように見えますが、勝率が高くてもトータルで負けている人はいます。1回の負けが大きいと、9勝1敗＝勝率90％でマイナス収支になってしまうのです。勝率にだけこだわるなら、損切りしなければいいのです。エントリーしたポジションをずっと持っておいて、プラスになるのを待って決済すればいいのです。

つまり、**勝率を上げるというのは、持ちこたえて何とかしましょうという発想にいきやすいのです。**

そして、初心者の方ほど、勝率100％なんてすごいと飛びついてしまいがちです。

でも、ちょっと待って！

投資資金がたくさんあればいいかもしれませんが、「塩漬け」がたくさんできて資金効率が悪化し、最悪、強制決済となる危険性もあります。

あと仕掛け（エントリーのタイミング）にばかり気を取られている方も多いですね。

「買い」や「売り」のタイミングをどうやって見分けるかというコツは確かにありますが、

それだけでは実際の利益や損失は生まれません。決済（エグジット）して初めて、利益や損失が確定するということを忘れないようにしましょう。

お粗末な決済では、相場の極意である「利大損少」を実現できません。

「勝率」も「仕掛け」も、勝つための大事なポイントではありますが、それですべてが決まるというわけではありません。**本当に「勝つ」とはどういうことか。手元に利益が残ることです。**それを忘れて「勝率」や「仕掛け」にこだわりすぎるのは、本末転倒だと思います。

その5

自分以外のものに頼りすぎる。

「投資は自己責任」とよくいわれます。読めばその通りで、なるほど、そうですね、という感じでしょう。

でも、この言葉の意味は、すごく深いと思います。自分で考え、判断し、責任も全部自分で負うということです。自分で考え、自分なりの答えを出し、その結果に責任を持つ覚悟のない人は、投資では勝てません。

人の言うこと、ネット上の情報などに振り回されている人は、だいたい負けます。そして、負けているときほど、そういう方向に走ってしまうものです。

ＦＸにも人気ブログがあって、今週の予想とか、チャートの分析とか、すごく細かく書いてあったりします。

もちろん、参考にするのは一向に構わないと思います。私も、いろいろ参考にしています。

でも、**頼ってはいません。最後の判断は、必ず自分で…が鉄則です。**

その6

自分なりのルールがない。

これも同じことですね。**ＦＸで損するケースで多いのは、何も考えないで、単なる勘や思い付き、そのときの気分で売り買いしているケースでしょう。**そんなトレードをしている限り、いつまでたっても勝つことはできません。

早く、**自分なりのルールをつくりましょう。**それには、投資ノート（記録）をちゃんとつけることです。なぜ、自分はここでエントリーするのか、決済するのか、その理由を毎回考えることです。そして、それを日々進化させていきましょう。

その7
感情に負けてしまう。

投資における最大の敵が、「恐怖」と「欲望」という2つの感情です。つまりは、自分自身が自分の足をひっぱっているのです。

恐怖というのは、もっと下がるんじゃないかというおそれや、損を確定させることのおそれ。それで損切りがなかなかできないのです。

決済しないでいれば、損はまだ確定しません。ひょっとすると、相場が戻るかもしれません。損切りするのも怖いし、もっと損が膨らんでいくのも怖い。結局何もできず、呆然と見ていることになってしまいます。

そういう状態になる前に、何とかしないといけないのです。恐怖を感じないで損切りできる時点で動かないと大変なことになるのです。これは、どんなベテランでも同じだと思います。

だから、最初から「ストップ」を決めて、エントリーするのが一番いい方法だと思うのです。

もうひとつの「欲望」ですが、自分の読みどおりに動いていると、これはしめしめと思うものです。いまなら目の前にある1万円が確実に手に入ると思うと、不確実な2万円より確実な1万円に魅力を感じ早く利益を確定させたくなってしまうのです。

こちらは、損失が出るわけではないですし、利益を伸ばせるかどうかというのはそのときの相場の動きなどもあるのでいろいろ研究していくしかないでしょう。

とにかく、まずは「恐怖」のほうを何とかコントロールできるようにして、それから「欲望」のほうをうまく扱えるようになっていくということではないでしょうか。

その8 簡単に勝てる、特別な方法があると思っている。

初心者の方に多いのは、勝っている人は何か特別な手法をやっているのではないかという思い込み。

私のところにも、「秘訣を教えてください」と聞いてくる方が結構います。私は最初の頃、商材を買って、参考にしていました。それをブログに書いたりしていると、「その商材を使っているのは分かりました。ところで、万友美さんのやり方はどうなんですか」みたいに聞いてくるのです。

はっきり言いますが、1年ちょっとしかFXをやっていない専業主婦の私に、特別な秘密なんてありません。もし、あるとしたら、当たり前のことを、当たり前にやる。それが私の秘訣です。

おそらく、そういうことを聞いてくる方たちは、商材を使ってみてうまくいかないと、「何かもっと違うポイントがあるはずだ」というふうに思うのでしょうね。

次々と、いろいろな商材に手を出してしまう方もいるようです。ネットで販売している商材の売上ランキングを見てみると、上位はＦＸ関連のものが多いですね。しかも高額。月間数千万円とかを売り上げているＦＸ商材もあるようです。

これって結局、**楽して勝つための何か特別な秘密の方法を探し続けている人がいかに多いのかという表れなんでしょう。**

そういう商材に書いてある手法というのは、やってみて、必ず勝てるというものでもありません（もともと必ず勝てる手法なんて存在しないのですから！）。

でも、本みたいに立ち読みもできないし、ついやっぱり見たくなってしまう。

でもまずはＦＸの本やチャート分析の本を何冊か買ってきて、読み比べてみてください。

１つ商材を購入するつもりになれば、10～20冊くらいの本が購入できるはずです。

最初は分からなくても、何冊も何冊も読んでいくと、自分に合いそうなものって何か分かってきます。そういう手法をデモトレードで試してみて、本当に効果があれば、実際にその手法を使って取引きするのです。

ＦＸも勉強しないと勝てません。商材を買っただけで勝てるなら、こんなにラクなことはありませんが、残念ながらそんなに美味しい話はありません。

その9 都合が悪くなるとすぐ「塩漬け」「ナンピン」に走る。

投資は、予想のゲームです。自分の予想通りに相場が動けば儲かるし、逆だと損する。簡単な話です。

問題は、予想がはずれたときどうするか。「塩漬け」とか「ナンピン」というのは、予想がはずれたときの対処法です（あらかじめ自分で計画して行う分割売買はナンピンのように見えますが根本的に違います）。

「塩漬け」は決済しないで含み損が出たポジションをそのまま抱え続けること。相場が戻れば、損失は回避できます。でも逆に含み損がどんどん膨らんで、証拠金が足りなくなり、強制決済に追い込まれることもあります。

「ナンピン」というのは、予想がはずれたとき、さらにその通貨のポジションを増やすこ

とです。最初のエントリーよりは有利な価格でエントリーできるので、平均すると損失が薄まるというやり方です。

ただ、「ナンピン」も結局、相場が戻らなければ含み損を抱えたままです。相場が逆のほうへどんどん進めば、やはり強制決済のおそれがあります。

私は、**「塩漬け」や「ナンピン」ではとにかくひどい目にあっているので、絶対やらないようにと心に誓っています。**

その10 コツコツ勝って、大きく負ける。

いままであげてきた共通点をひとつにまとめると、これになります。**コツコツやってきて、一気に負ける。**特に、ある程度勝てるようになってきたと思ったのに、大きく失敗する人は、このパターンが多いようです

どうすればいいのか？

コツコツ負けて、大きく勝てばいいのです。負けをコントロールしながら、勝つときには大勝ちする。

大事なことは、「コツコツ」負けることです。少なくとも、「どかーん」とは負けないよ

うにする。負けをコントロールできるようになって初めて、大勝も可能になるでしょう。

この順番を間違えてはいけません。最大のポイントはそこにあると思います。

第5章

会社選び、気の合う仲間との交流も勝ち続けるための鍵

1 「勝つこと」と「勝ち続けること」は違う

FXの取引きのやり方、勝ち方というのは、慣れてくれば誰でもそれなりに身に付くものだと思います。

でも、その先に待っているのは「勝ち続ける」ことができるかどうかという壁です。たまに勝っても、トータルで負けが続けば、いずれは強制決済などで市場から退場しなければならないこともあります。

ある程度、勝てるようになったら、次はコンスタントに勝ち続けるにはどうすればいいかを考えましょう。

勉強することも大事ですが会社選びと気の合う仲間との交流もはずせない大きなポイントです。

2 FX会社こそ取引きの相手

まず、会社選びです。

ＦＸでは、個人投資家が直接、東京やニューヨーク、ロンドンなどの外国為替市場（インターバンク市場）に参加するわけではありません。**実際は、口座を開いたＦＸの会社と取引きしています。**「買い」注文を出すと、その会社が売ってくれるのです。「売り」注文を出すと、その会社が買ってくれるのです。契約上、取引きの相手はあくまでその会社です。そうした取引きをするための担保として、証拠金をその会社に預けているのです。

ＦＸの会社は通常、自社に口座を開いている多くの個人投資家から様々な売り注文、買い注文を受け付け、それを相互にマッチングさせた上で（たとえば1ドル＝１００円で1万ドル分売りたいという人と買いたいという人がいたら、その人たちの注文をマッチングさせればいいわけです）、それでも残った自社がリスクを負えない分を、他の大手金融機関などに頼んでインターバンク市場に出しているそうです。

とすると、ＦＸというのは実は、ＦＸ会社との取引きがメインということになります。実際、ＦＸの会社が提示する市場レートは、ロイターなどの金融専門の通信社から配信を受けた参考値などをもとにしていることが多いと聞きます。

それはそうですよね。外国為替市場（インターバンク市場）というのは、特定の取引所があるわけではなく、個別の金融機関同士が外国為替のやり取りをしている、その全体を

図39　FXの取引きの仕組み

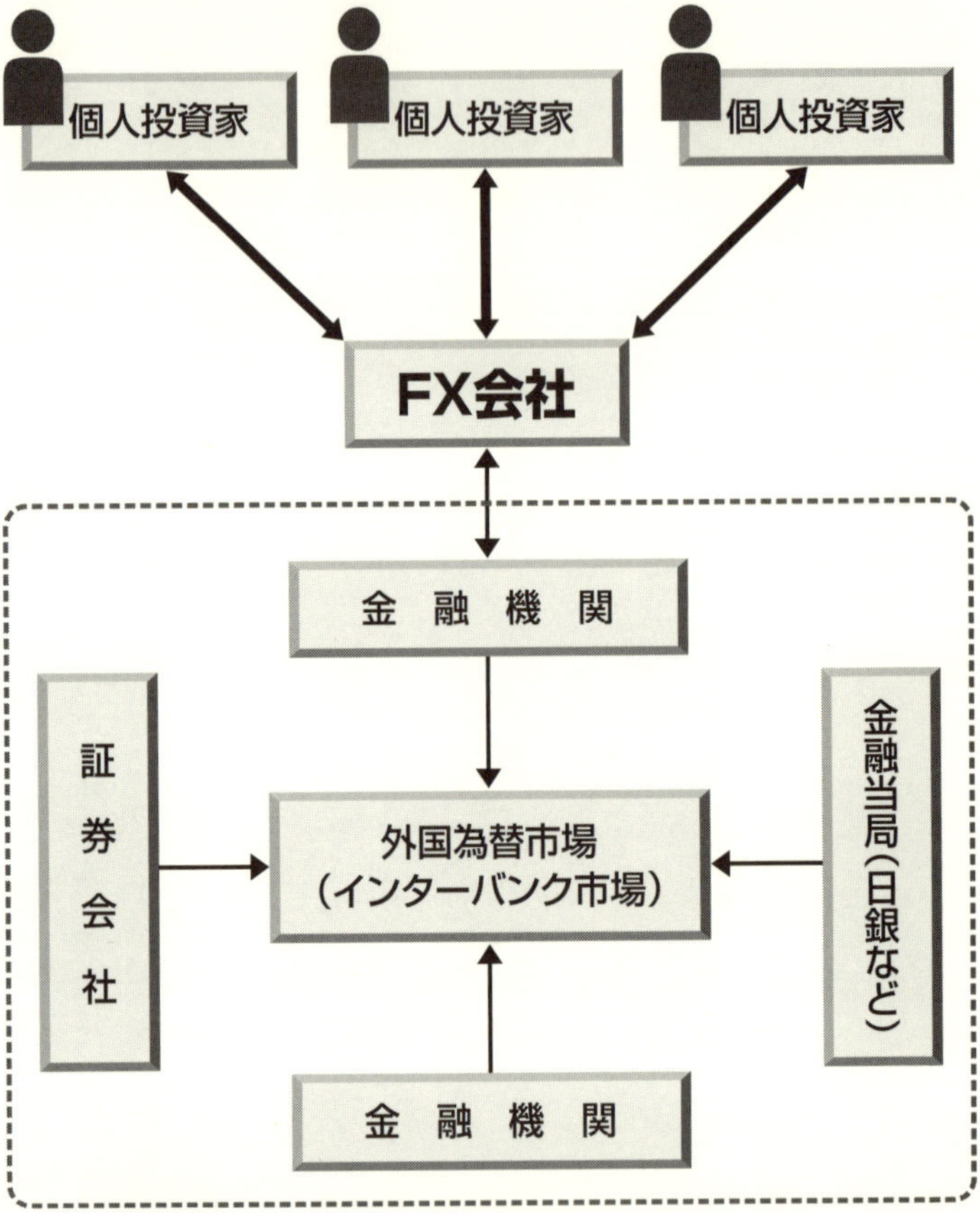

まとめて比喩的に言っているものなので、同じ時刻に成立している同じ通貨ペアの取引価格には差があります。それを通信社などが「だいたいこれくらいからこれくらいの幅らしい」といって配信しているのです。

それぞれのＦＸの会社では、それをさらに加工して「売り」と「買い」のプライスを提示しているのです。相場が大きく動くとき、スプレッドの幅が開くことがあるのは、配信される相場情報そのものの価格の幅が開くからでしょう。

とすると、投資家が勝てばＦＸの会社が負け、投資家が負ければＦＸの会社が勝つというこ とができます（実際は他の投資家もからむので、それほど単純ではありませんが）。

ＦＸの会社の多くは、まず口座をつくってもらって、証拠金を預けてもらおうとします。だから、ＦＸの会社では口座を開いただけで５０００円のキャッシュバックといったキャンペーンをやっています。

投資家がたくさん集まり、取引きをたくさんしてくれれば、一定の手数料（取引手数料やスプレッド）が入るからです。

現在、ＦＸの会社（金融先物取引業者）は２００社以上あり、かなり競争は厳しいと思います。小さいところも多く、10人程度で運営している会社もあると聞きます。一方で、大手証券会社が系列会社でＦＸの取り扱いを始めたケースもあります。今後、小さい会社や無理に口座を増やそうとしているところでは、経営が厳しくなるところも出てくるかもしれません。

それだけに、どこで取引きするかは、十分慎重にしなければなりません。

実際、06年にはアメリカの商品先物大手の会社が倒産し、その会社のＦＸ部門に外為市場（インターバンク市場）との取次ぎを頼んでいた日本のＦＸ会社の顧客が、かなり損失を蒙ったようです。

日本のＦＸ会社を通してそのアメリカの会社に証拠金が預けられ、一応「分別管理」されていたのですが、ニューヨークにある会社だったので、いろいろな通知書類が全部英文で来たのだそうです。多くの人は、それを読みこなせず、そのまま諦めたケースも少なくなかったのだとか。

どこが安心ということは一言ではいえませんが、やはり会社選びは大事です。**よく分からなければ、大手であってもひとつの会社に全部のお金を入れるというのは、絶対しないほうがいいでしょう。**

3 口座に合わせて会社選び

私の場合、口座に合わせて、ＦＸの会社を選んでいます。

たとえば、デイトレ口座については、ほぼ毎日取引きを行い、レバレッジも高めにしてトレードしますから、取引手数料が無料で、スプレッドが小さく、高いレバレッジをかけられる会社を選んでいます。

その代わり、毎月月末には利益分を出金して、あまり大きな金額を置かないようにしています。

一方、スワップ口座は、スワップ金利を狙い、長い期間置いておくので、できるだけ安全、安心なところを選びます。具体的には、規模が大きく長く経営している会社かどうかを基準にしています。

また、スワップ金利の分だけ引き出せるかどうかも重視。ポジションを決済しなくても、日々たまっていくスワップの金利分だけを出金できると、すごく便利だからです。

安いレートで買ったポジションは決済しないで、ずっと残しておきたいものです。そのためにも、決済しなくてもスワップ金利だけ引き出せるシステムというのは、とても魅力的ですよね。

会社選びで私がほかに考慮しているのは、証拠金を「信託分別管理」しているかどうか。これは、**「信託保全」「信託保全管理」**などともいいますが、要はＦＸの会社が投資家から預かった証拠金を信託銀行に預けておくことです。

通常の預金とは違い、信託契約という特殊な契約で預けるので、ＦＸ会社は勝手に引き出せません。ＦＸ会社が破綻したなど万が一のときに初めて、信託管理人と呼ばれる裁判所から選任された第三者が、そのお金を信託銀行から受け取り、顧客に配分するのです。ただし、これは証拠金の元本を保証するものではありません。あくまでひとつの安全弁なので勘違いしないように。

取引きについてのスタンスの違いもあります。大きな指標が発表されるときを狙って取引き（多くはスキャルピングから短めのデイトレ）する投資家は多いでしょう。これを嫌がる会社もあり、そういう会社では一時的に注文が通りにくくなるようです。

逆に、指標発表時にも取引きできるのをセールスポイントにしているＦＸ会社もありま

図40　FX会社を選ぶ際のポイント

① 手数料やスプレッドはどれくらいか?

特に取引きの回数が多いデイトレでは、取引手数料が無料、スプレッドが小さい会社のほうがお得

② 規模や営業年数はどれくらい?

特に長く証拠金を置いておくスワップでは、規模が大きく、昔から経営しているところのほうが安心

③ スワップ金利だけでも引き出せるか?

これもスワップ口座では重要なポイント。有利なレートで買い込んだポジションはなるべく持ち続けたい

④ 証拠金の管理はどうなっているか?

現在、証拠金を会社(FX会社)の資産と分けて管理することは法的な義務。さらに進んで、全額「信託分別管理」になっていたほうが、万が一の際にも安心

⑤ 見やすく取引きしやすいシステムかどうか?

インターネットでのチャートの表示方法、つながりやすさ、扱いやすさなども安定した取引きには欠かせないポイント

すから、そういう投資手法をとる人は考慮すべきでしょう。

もうひとつ重要なのは、見やすいシステム、取引きしやすいシステムかどうかです。相場のチャートひとつとっても、会社によってかなり違いますよ。

スプレッドも固定しているところと変動するところがあって、変動制のところでは、取引量が多い時間帯などにはスプレッドがゼロになったりすることもあります。

いずれにしろ、**自分にとって使い勝手のいいシステムを見つけることは、ストレスなくトレードするためにはとても大事なことです。**

それに、一度、あるチャートや注文のフォームに慣れると、新たに変えるのが面倒になるものです。それゆえ、最初の選択が大事なのです。

4 仲間との交流

多くの人がやるようになったとはいえ、FXはまだまだ「危険な投資」と見られているようです。女性の場合は特に、「FXをやっている」なんていうと、周りから変な目で見

図41　万友美おすすめのFX会社

●デイトレード向き

社名	特徴
FXA（FXA証券）	・手数料が無料 ・証拠金が1万通貨あたり1万円と分かりやすい ・スプレッドが小さい（ユーロ/ドルで2pips、ドル/円で3pips） ・信託保全あり
外為オンライン	・手数料が無料 ・レバレッジが最大200倍 ・スプレッドが変動制（0になることもある）
FXCM	・手数料が無料 ・証拠金が一律2万円で管理しやすい ・画面が一面ですべて見えるので、初心者にも分かりやすい ・信託保全あり
ひまわり証券	・指標スケジュールが見やすい ・上場企業で国内では最初にFXサービスを開始した最大手 ・デイトレ口座は手数料無料 ・信託保全あり

●スワップ向け

セントラル短資	・ポジションを決済しないでも、スワップの利息だけ引き出すことができる ・100年の歴史を持つ業界大手
外為ドットコム	・1000通貨単位から取引き可能 ・業界最大手 ・情報が豊富

私は口座に合わせて、FXの会社を選んでいます

られかねません。投資に対して偏見を持っているのは、むしろ女性のほうが多いかもしれないですね。

私も、ママ友達に、ＦＸをやっていることや、ＦＸのブログをやっていることを積極的に話すということはありません。専業主婦の場合は特に、お金の話はタブーというところがあります。話題といえば、子供のお受験のことや買い物と食べ物の話など、当たり障りのないことばかり。

そこで、**06年の秋、気の合うＦＸ仲間と始めたのが「ＦＸ美女の会」です。**もともと06年2月にＦＸを始めて、しばらくしてブログやメルマガを発行し始めると、いろいろコメントをくださる方がいたり、メールをくださる方がいたりして、最初はメールのやりとりから仲間が広がっていったのです。

そういう方たちと、個別にランチをご一緒したりしていたのですが、実際に会うと楽しくて、この人とこの人をつないだらもっとおもしろいだろうと考えたりして、だんだん人数が増えていきました。

「美女の会」というネーミングは、みんなきれいな人ばかりだったので、私がつけました。男性からの入会申し込みもいただくのですが、女性限定ですので悪しからず。

メンバーは現在40人ぐらいで、ＦＸをしている女性ということが条件。主婦の方が多く、

図42　私がやっている仲間との交流の方法

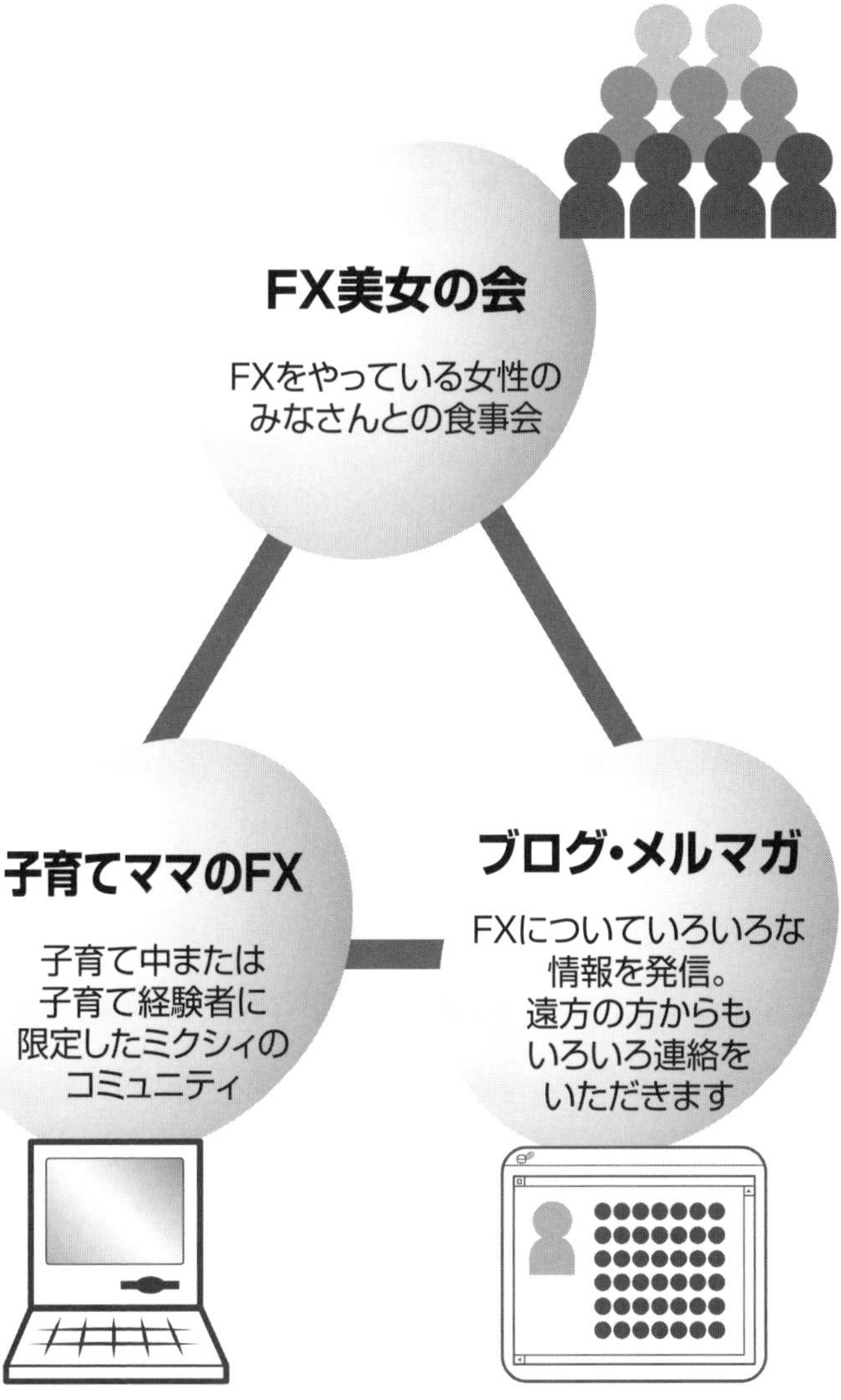
FX美女の会
FXをやっている女性のみなさんとの食事会
子育てママのFX
子育て中または子育て経験者に限定したミクシィのコミュニティ
ブログ・メルマガ
FXについていろいろな情報を発信。遠方の方からもいろいろ連絡をいただきます

浜松とか山梨など地方からいらっしゃる方もいます。

みんなで集まってちょっと贅沢なランチを食べて、自分の失敗談とか成功談とかを話しているのですが、これがすごく盛り上がるんです。

「この間の円高のとき、どうだった?」「もう私、すごい負けちゃって」「私なんかマウスをほうり投げちゃった」…なんて会話も。

FX以外にも、美容のことや買い物のことなど話題はつきません。レストランのランチの時間が終わって、そこから場所を変えて夕方までお茶しながらもう話し通し。みなさん、ふだんはFXの話ができないから、こういう場に来て思い切り話をすることをとても楽しんでくださっているようです。はじめて参加した方は「ええーっ」ってすごく驚くみたい。「こういう話してもいいの」って。


私自身は、**女性、特に専業主婦はもっとお金のことをオープンに話をして、投資ということを考える場があってもいいと思っています。**やっぱりお金の話ってしにくいし、タブーみたいなところがあります。そういうのを気にしないで話せる場所が、あまりないみたいなんです。

だから、こういう集まりがみんな楽しくて、「またやろう」「またやろう」という感じです。

もちろん、お互い人の手法などには興味があると思うんですが、そういうのを聞くだけ、情報を収集しようとするだけみたいなのはやめてくださいねって言っています。**「自分の情報は出さないけど、人の情報は欲しいとか、そういうのはなしですからね」**と最初に言っています。**聞きたいんだったら、まず自分から出しましょうというのがルール。**厳密な約束事というわけではないのですが、以前は一方的に「教えてください」「教えてください」っていう感じの人がいたので、いまはそんなふうにしています。

FXをやっている人は必ず負けた経験があるわけですが「私はこうやって立ち直ったよ」とか、そんな話を聞くと、負けて落ち込んでいた人も「じゃあ、私も頑張ってやってみよう」と前向きな気持ちになれるんでしょうね。

5 女性コミュニティも主宰

「FX美女の会」のほかにも、私はミクシィで**「子育てママのFX」というコミュニティを主宰しています。**こちらは、子育て中または子育て経験者に限定。いま約80人ほどが参加してくださっています。

境遇が似た方が集まっているので、共有できる話題も多くみなさん盛んに情報交換。遠方の方も気軽に情報交換できるので好評です。

ＦＸをやっているからには勝ちたい。それはみんなに共通する思いです。それで、勉強することもそうなんですが、勝っている人と一緒にいるというのも私はすごく大事だなと思っています。

負けている人同士で集まるんじゃなくて、勝っている人のところに行って、そういう人たちの仲間に入る。私には投資のアドバイスをしてくださる方もいますし、トレードの手法を研究する仲間もいますが、私だって勝っている人と一緒にいたいのです。

それはＦＸだけじゃなくて、投資って不動産とか株とかいろいろありますから、それぞれの投資で成功している人、勝っている人たちのお話を聞ける勉強会があるといいなと思います。投資で成功している人の共通点を探りたいな、と。

すごく勝っている人って、実は、あまり表に出てこなかったりするものです。でもそういう人の話を聞きたい。そして、勉強して勝ち続けたい。

そんなことを最近、考えています。

第6章

何より大事なのは、自分に合った投資手法を見つけること!

1 ライフスタイルに合わせる

ＦＸで月１００万円稼ぐ方法、負ける人のパターンを順に説明してきました。ＦＸはうまくやれば、とても稼げます。でも、証拠金を大きく減らしたり、ほとんどなくして撤退している人も少なくありません。

そこでもう一度チャレンジする人もいれば、そのまま戻ってこない人もいます。**投資は、人生に似ていると思います。**私の人生も山あり谷あり。そんな中で、学んだのは自分にとって無理なく続けられ、ストレスを感じないやり方を見つけ出すこと。

成功している人をうらやんでも仕方ありません。**自分に合った投資手法を早く見つけた人が、ハッピーになるのだと思います。**

私自身、普段はあまりＦＸ関係のブログは見ないのですが、たまに時間が空いたときはまとめて見たりします。勝ち続けている人は案外少ないと思いますが、もしそんなブログを見つけたら、過去記事をコメントまで含めて全部見てみると、かなり勉強になります。

その人の「思考（投資マインド）」を学べるからです。

以前、指値トレードですごく稼いでいる人を発見。私は自信のあるときだけエントリーしてきっちり勝ちたいので、最近はエントリーの指値はほとんどしません。指値のトレードでこれだけの勝率を上げられるなんてすごいなーと思いました。

また、レバレッジを極力低くして、ゼッタイ損切りしないというママさんトレーダーもいます。彼女は、07年2～3月の暴落時（円高時）も損切りはせず、その後ちゃんとプラスで決済していました。口癖は「レバレッジは低く!!」

私は高めのレバレッジで、ストップは必ず入れて、1回1回きっちり終わらせていくスタイルが好きです。

いろんな方がいますし、いろんな手法があります。でも、勝っている人はみんな自分に合ったやり方を確立しています。

そこで、本章では「FX美女の会」の仲間である3人の女性トレーダーの方にインタビューしてみました。実は、お互いいろんな話はするのですが、こんなに突っ込んで聞いたのは初めて。私もすごく参考になりました。みなさんにとって、「FXといっても、人によっていろいろなきっかけ、スタンス、やり方がある」ということを感じてもらえればうれしいです。

ケース1 一家のピンチをFXで救い、1ヶ月200万円を稼ぐ井上未知子《みちこ》さん（仮名）

井上さんは高校生と中学生のお子さんがいらっしゃる専業主婦の先輩です。とても物静かな方ですが、芯の強さは人一倍。ご主人のお仕事が一時期暗礁にのりあげたことからFXを始め、いまでは家族の生活費だけでなく、新しい会社まで立ち上げていらっしゃいます。

Q■まず、FXを始めた理由を教えてください。

A●2年ほど前までは、普通の主婦として平々凡々と暮らしていました。
ところが、主人の経営する会社がトラブルに見舞われ家庭の収入がほとんど途絶えてしまう事態が起こったんです。家庭の収入だけでなく、主人の会社のほうでも資金が必要で、精一杯頑張っている主人を手助けしようにもとても私が勤めてなんとかなるような金額じゃありません。それでも、なんとかしなければと考えたのですが、子供がいますし、私自

図43　井上さんのライフスタイルとFXの手法

ライフスタイル

- ご主人の経営する会社がトラブルに遭い、収入がほとんど途絶える
- 子供が２人いて、自分も病気を抱えている
- 背水の陣で投資にチャレンジし始める

↓

FXの手法

- 1000万円というまとまった資金を用意
- 毎月200万円の目標（取引き1日あたり10万円の目標）
- スキャルピングが中心
- ショートは苦手で、もっぱらロングでエントリー
- 少しのプラスで決済し、1日に数十回取引きすることも
- 謙虚な姿勢と感謝の気持ちを忘れない

身病気があり、選択肢は限られていました。

それまで「投資」と聞いただけで危険なもの、財産を身ぐるみはがされるもの、といったイメージがありました。でも、私に何ができるのか消去法で検討していったとき、やはり「投資」しかない。真剣に勉強してみるのも一つの手なんじゃないかなと思い、まず株を始めたのです。

もちろん、まったくの素人で、勉強するといっても自己流ですから、どうしてもうまくいかず困っていました。半年ぐらいやってみて、損はしなかったものの、コンスタントに稼げるという感じもしませんでした。

そんなとき、たまたま本屋さんへ株の本を探しに行ったら、1冊だけFXの本がありました。好奇心からその本を買って帰り、はじめのうちは放り出してあったのですが、株で行き詰まったときに思い出して手に取り、そこではじめてFXに出会ったのです。


Q■それで、すぐ取引きを始めたんですか?

A●とにかくお金を生み出さなきゃということで、06年のお正月明けくらいから始めました。右も左も分からない状態で、いま思うとまったく無謀なんですけどね。
もちろん、本も読みました。ただ、「投資イコール難しい」という概念がもともとあり、経済のことにもうとくて、最初はチンプンカンプン。何度も本を投げ捨てましたね。でも、私の場合、橋を焼き払ってきているような状況で、「これしかない」と思っていたので、ベソをかきながら、投げ捨てた本を拾ってまた読んでというような感じでした。

1冊目の本は、それこそ何回も繰り返し読みました。そのうち、だんだん他にもFXの本が出てきたので、交互に読んだりしているうちに、次第に理解が進みました。

取引きのほうは、よく分からない分、ものすごく慎重に、自分がこれなら理解できるという手法しかやらなかったので、それほど大きく勝ちもしないけれど、負けもしなかったという感じです。

Q■その頃、メールをもらったんですよね。トレードの手法といったことじゃなくて、投資に向き合う気持ちみたいなことが書いてありましたよね。

A●そうそう。堅実なやり方で、少しずつは稼げるんだけど、そこから上に行くことができなくて、でも稼がなきゃいけなくて、どうしていいかわからなくなって、万友美さんのブログを読んで、連絡したくなったんですよ。周りにFXをやっている人なんていないから聞けないじゃないですか。

手法うんぬんというより、いまこういう状態で本当に苦しくて、それを誰にも言えなくてどうしていいか分からなくて、それをそのままメールで送ったんです。

そしたら、すごい的確な答えが返ってきて、別にこうしなさい、ああしなさいというんじゃないんですけど、一人じゃないんだなというのが伝わってきて、すごく勇気づけられました。

Q■いまでは、すごく大きく勝てるようになったんですよね。

A●口座に入れている運用資金は1000万円くらい。リターンは平均すると月に20%から50%ぐらいですかね。

毎月最低200万円が目標で、トレードする日が20日ほどなので、1日最低10万円を目標にしています。

ただ、10万円が目標だと届かない日もあるので、多少余分に12～15万円を自分なりのノルマにしています。デイトレで一応10万円を達成すればそこでデイトレはやめて、あとはスワップ金利を足すと10万円はクリアできるという、そういう計算です。

Q■どうやって、そんなに勝てるようになったんですか?

A●特に変わったことをやったわけではありません。最初、なかなか勝てなかった頃は、テクニカル分析を2種類だけ使ってやっていたんですけど、「だまし」に遭いやすかったのです。そこでもう1つ、2つ加えて「あ、ここで違うサインが出てたじゃない」というのを少しずつ体得していったのです。

私はほんとに追い詰められていたので、「どうして稼げないんだろう」「どうしてだまされちゃったんだろう」と、しつこく自分の中で考え抜いた結果、比較的早いうちに、そうしたことに気づいたということはあると思います。

Q■もう少し具体的に、トレードのやり方を教えてください。

A●まだまだ初心者なので、**常にパソコンをそばにおいて、チャートを見ています。**子供がいるときはやはりパソコンは閉じますが、それ以外は洗い物をしながら、洗濯をしながら、常に相場の動きを見てますね。そして、こういう波の動きが来た後は大体こうなるんじゃないかとか、この角度で下がったときは、もうちょっと下がるんじゃないかとか、いろいろ考えながら相場と仲良くなろうとしています。

ですから、**トレードの手法としてはいまのところ、スキャルピングがメインです。**通常は5分のローソク足と移動平均線を見ながら、分かりにくいときは1分足に切り替えてタイミングを判断します。また、いくつかチャート分析を組み合わせて、いずれでもシグナルが出たときは迷わず入ります。

上昇トレンドだったら「買い」から、横ばいのときもその都度の状況次第で「買い」で入ります。下降トレンドの場合、「売り」から入るときもありますが、私はあまり得意じゃないので、よほど自信がない限り見送ります。

最近は、ファンダメンタルズの経済指標も意識しています。毎週、どんな経済指標の発表があるのか、さっくり頭に入れておいて、それによって自分がやりたい通貨のトレンドがどうなりそうなのか、自分なりにシナリオを描くんです。

もちろん、**予測がつかないときは、トレードはしません。**どんな感じで相場が動くのかを見ているだけです。分からない相場には参加しないという主義ですね。

そのかわり、動きがあるときは、極力やります。しかも、気が小さいので、1000円のプラスでもありがたいと考えすぐ決済し、また入り直すという、ほんとに小心者、なおかつ慎重派のやり方です。ですから、1日での取引きが数十回ということも珍しくありません。

Q■いま、参考にしているテクニカル分析というのは何ですか?

A●基本は**ローソク足と移動平均線**です。

ローソク足では、ローソクの形、ひげの長さ、陽線と陰線の転換などを見ます。移動平均線は、短期（5日）と長期（15日）を組み合わせています。ただ、移動平均線はメインじゃなくて、大体のトレンドを判断するために使っているだけで、さらにもっと適切な期間の組み合わせがないか、いろいろ研究しています。

この2つに、ボリンジャーバンドとMACDを組み合わせます。この4つでいつもは判断しますが、ちょっと自信がないときはRSIとストキャスティクスも参考にします。

以前は、別のテクニカル分析を使っていたこともあります。いろいろやってみて、相性がよくて、自分にとってサインが読みやすく、信頼できるものに落ち着いたという感じですね。

Q■FXを始めて、変わったことってありますか？

A●毎日の生活が変わったわけではないのですが、FXでお金を稼げるようになったことで「新しい世界」が見えてきた気がします。

いままでは、買い物好きでした。たとえば、カバンとか時計とか、自分自身にプラスで付属品をつけないと、自分が自分を評価できない。このブランドを持てばちょっと上に上がれ、さらに上に行くにはこのブランドが必要という感じで、何か安心感を求めるために買い物をしていた感じなんです。

Q■分かる分かる。何か〝武装〟してないと自信が持てないという。

A●そうなんですよ。でも、ＦＸでお金を稼げると分かったとき、すごい楽になったんです。**自由になったんです。**自分は大丈夫なんだという安心感があって、それからは相場に対しての感謝の気持ちと、自分をあまり卑下したりしないで、頑張ったら頑張ったねって、素直に労うことができるようになりました。

私は娘が2人いるんですけど、今後も主人の収入が何らかの形で途切れても最悪自分さえいれば大切な娘をなんとか守れるなって思える。そのことに気づいたとき、「自分も捨てたものじゃないな」と実感したんです。

いままでは、主人が持って帰ってくれるお金で生活をしていましたから気が楽だった反面、嫌なことでも主人の言うことに従ったり、顔色をうかがってみたり、そういうのが常にありましたね。

また、主人が具合悪くなってしまったらどうするのとか、会社が傾いたらどうなるんだろうとか、常に何か不安と隣り合わせだったんですよ。

主人のことはとても尊敬しているんですが、男の人ってやっぱり、「俺が金を稼いでくるんだから偉いんだ」みたいな態度が時々垣間見えることがありますよね。

一方で専業主婦の自分は、誰に言われたわけでもないのに、主人の顔色を気にしながら生きることに慣れていた。けれどそういう自分が正直嫌だったんですよね。それが、なくなって、なんだかすごく心が平安になりましたね。

もちろん、以前と何も変わらないんですよ。子供や主人に接する態度も友達づき合いも何も変わらないんです。ただ、お金を稼げるということが、特別偉いということではないと分かると、なんだかすごく自由で清々しい感じがして、いろいろなものの見方が変わってきたのです。

稼げる人が偉いとかではなく、**やはりコツコツ努力し続けることの大切さを痛感しました。**同時に、稼げる前と稼げるようになった後も、何らいままでと同じ変わらないで子供と接したりできることも、自分の中で驚きだったんですよね。

Q■本当に井上さんって、謙虚ですよね。

A●謙虚というよりは、自分の分（ぶ）をわきまえているだけです。もっと経済のことが分かっていたり、いろいろな能力のある方だったら、自信を持つのでしょう。でも、私にはそういうバックが何もありません。そんな私でも、毎日、何千円とか何万円のお金を稼がせてもらえ、大切な子供や主人との潤いのある生活を維持できる。ワンポジション閉じて決済するたびに、「ありがとうございました」と心の中で手を合わせているんです。

Q■会社を最近、設立されたとか。

A●正直、FXによってある程度のお金が入る流れを自分でつくれるようになりました。いままではお金の心配で頭がいっぱいでしたが、一応家族が食べられて、ある程度気持ちにも余裕ができたので、今度は一呼吸置いて、自分が本当は何をしたいのかということを考え始めています。

最近、**FXを通じてある女性会計士さんと出会ったのがきっかけで、会社を立ち上げ、そこで何かできないかプランを練っているところです。**専業主婦だったら全然縁のないまま過ごしただろうビジネスの世界を自分がのぞくようになるなんて、すごく新鮮で身のひきしまる思いです。

まだ具体的に何をするかは未定ですが、大きいことでも小さいことでも、何か世の中の役に立つようなビジネスができたらと思っています。

Q■トレードだけだとすごい孤独じゃないですか。だから何か、どこか社会と関わってい

たいなという気持ちはありますよね。

A●ＦＸとの出会いで私自身本当に助けられましたのでその分、今度は何か違う形で、他の人にお返しをしたいなと思っているんです。

一方的に受け取るばかりではなく、受け取ったものを人と分かち合うことで、また形を変えて自分に戻ってくる、そんな流れをつくれたらいいなと思っています。

ほんとにＦＸを始めて、お金だけではなく、素敵な仲間や家族の絆、柔軟性のある考え方など、いろいろなものを手に入れたという感じがします。

Q■ＦＸに興味を持っている人に、何かアドバイスをお願いします。

A●たとえば宝くじで当たって大金を得たとしても、使っているだけではいずれなくなってしまうし常に減っていく不安につきまとわれます。それに対して、**ＦＸで稼ぐ方法を身に付ければ、自分でお金を生み出すことができるようになります。**「お金」を求めるのではなくて、「お金を生み出す力」を手に入れる。

そうすれば、**とにかく自由になれると思います。別に生活を変える必要もなく、それまでと同じままで、自由になれ、心に余裕ができて、人にも優しくなれる。**最初の一歩を踏み出す勇気があれば、周りの景色ががらっと変わるかもしれないんです。

ぜひおそれないでください。大きな一歩じゃなくてもいいと思うんです。小さな一歩でもいいから、前に踏み出すことが大切なのではないかと思います。

ケース2

FXは知的娯楽。チマチマ投資を楽しむフリーランス主婦の川影晏巳《やよい》さん（仮名）

「よよか」のハンドルネームでブログやメルマガを書いている私の大親友が川影さん。なんだか気が合って、ほとんど毎日、連絡を取り合っています。「FX投資ノート」を一緒につくったり、少人数の勉強会を開いたりもしています。でも、FXの手法は私とは全く正反対なんですよ。

Q■FXを始めたきっかけからお願いします。

A●私は以前から、ネットでメールを1回クリックすると1円もらえるとか、ポイントをためると図書券がもらえるとか、そういうのを貯金感覚でやっていました。

2年半ほど前、資料を申し込むだけで100ポイントもらえたり、口座を開設するだけで図書券がもらえたりするのがあって、それがFXだったんです。さっそく、あっちこっ

図44 川影さんのライフスタイルとFXの手法

ライフスタイル

- 長年勤めた会社をやめ、いまは専業主婦でアルバイトを少々
- 節約第一の「ケチケチ」ではなく投資で少しずつ稼ぐ「チマチマ」がモットー
- 好奇心旺盛でこれまでいろいろな投資にチャレンジ。ただし、ストレスにならないよう少額で

↓

FXの手法

- 1日3000円が目標
- スキャルピング中心
- GYAOを見つつ、のんびり楽しみながらトレード（FXは人生の知的エンターテイメント）
- FX仲間との交流を楽しむ

ちの会社から資料を集め、せっせと図書券をゲットしました。

そうすると、いまは違いますが、資料を請求した会社から営業の電話が何度もかかって来るんです。すごい嫌になって、最初は全然、やる気はありませんでした。

でも、ある人のメルマガを見たら、ＦＸで楽しくて稼げるみたいなことが書いてあって、私もやってみようかなと思ったのがきっかけでしたね。

当時、05年の後半は誰がやってもＦＸで稼げる状況でした。とにかく右肩上がりの相場だったから、「買い」から入って待ってさえいればプラスで決済できたんです。しかも、私の場合は、決済ということをあまりしなくて、どかっと買ってほっといて、増えた増えたと思って喜んでいたんです。

ところが、12月にものすごく円高になったとき、一気に60万円ぐらい為替で差損が出たんですね。でも、スワップ金利がつく限りは持っていればいいやというのがあったし、仕事もしていたのでやめる気はおこりませんでした。むしろ、やっぱり勉強しなくちゃと思い、チャートの分析を一生懸命やり始めたりしました。


Q■ＦＸのほかにもいろいろ投資をやっているんですよね。

A●良くいえば好奇心旺盛なので、いろいろやってきました。ＩＴ株とか中国株とか、あと牛ファンド（子牛に投資して高く売れれば配当がもらえたり牛肉のプレゼントなどもあるもの）とか海の家ファンド（海の家の営業権を取得して運営するもの）とか。流行のものとか、面白そうな話があると、割とすぐ乗っちゃうんですよね。

でも、ＩＴ株は塩漬けになってますし、中国株は2・5倍ほどになってますがもともと20万円ほどなので高がしれています。海の家ファンドなんかは、去年、天候が悪くて大変。もう、なかったことにしています。

結局、うまくいったものはほとんどないんですが（笑）、だいたいは金額も可愛いものなので、損しても笑い話のネタにする感じでやってます。

Q■仕事をやめて、いまは専業主婦のトレーダー？

A●そう。去年（06年）の8月に、12年間勤めていたゼネコン系列の設計事務所をやめまして、それから主婦というか、気楽にフリーランスで仕事とかしながらＦＸを楽しんでやっています。

私の場合は、**ＦＸでお小遣い程度儲かれば楽しいし、損しても笑える範囲でやるというスタンスです。**昔から貧乏性というか、田舎育ちなので、汗を流さないで大金が稼げるわけがないというのがすごくあるんですね。だから、もし稼げても、私の場合、そのお金は〝あぶく銭〟でなくなっちゃうだろうなというのもあって、チマチマやっちゃうんです。勝てると分かる相場でも、たくさんは買えなかったり。

Q■川影さんの「チマチマ」投資をもう少し詳しく説明してください。

A●1日3000円稼げればラッキー、というのが基本です。トレードはもっぱら夜、GYAO（インターネットの無料テレビ）を見ながら片手間に。寝てる間、ポジションがあると気になるのが嫌なので、寝る前にはすべて決済します。

手法としては、スキャルピング。薄い利幅で短時間に売買を繰り返すことが多いですね。1分のローソク足を見ながら、5ピプスとか10ピプスを取って、それを繰り返すという形でやってます。

チャート分析には、移動平均線のほか、MACDとストキャスとボリンジャーバンドを重ねます。他の投資家もだいたい、このあたりのチャート分析を使っているんじゃないですか。みんなが見てるということは、みんなそれで判断する。だから、みんなが下がると思うような動きが出れば、みんなが売るからさらに下がる。みんな上がると思う動きが出れば、みんながそれを見て上がると思うから上がる。そういうトレンドに〝順張り〟で乗るのを基本にしています。

スキャルピングだと結構、運動神経が必要かもしれないですね。ここと思ったときにすぐ押せないで迷っていると絶対だめ。ぱっと、5ピプスで決済しちゃいますね。

あとはスワップ口座もつくってるんですけど、いまは全部円安で、買える通貨がほとんどないから、いまもうポジションゼロですね。

口座に証拠金が100万円あっても、実際のトレードで使うのは10万円もないくらい。だから、資金効率はちょっと悪いですね。売買の枚数を増やせば利益も倍になると頭でわかってるんですけど、何かやっぱりチマチマやっちゃうんですね。

ずっとこれでいくつもりではないんですけど、今年（07年）に入って相場がすごく難しくなってるなと感じてて、一本調子での円安とか、一本調子での円高とか、自分でも読める相場になれば枚数は増やしたいのですが、いまはほんとにどっちに行くかわからないので、余計チマチマになっている部分はありますね。

でも、そのおかげで他の人が何十万円も損してるときでも、3万円も損しちゃったって笑ってられるんだと思います。

自分で、がんがんやって稼ぐイメージというのがなかなか持てない。大きく勝ちにいこうとすると、負ける気がする。それは自分の性格ということで納得してやっています。

Q■川影さんにとってFXって何ですか？

A●うーん。人生のエンターテイメント、ですかね。

もともと目標金額が1日3000円で、損しても笑える範囲ですし、とにかく毎日トレードすることがすごい楽しいんです。損したら嫌ですけど、でも損しても楽しい。チャートの動きを見て、自分なりに推理して注文を出し、その通りに動くのかどうかドキドキしながら見ている。

それに、FXって知的じゃないですか。世界の為替相場を私は見てるんだ、みたいな。FXをやることによって、「アメリカの経済状況がね」とか「住宅市場が」とかいう話ができるだけでも、ああ、何か自分が少し知的になったような気がする（笑）。今日は重要指標の発表があって、金利が上がるらしいとか、下がるらしいとか、そういうニュースを見ることによって、自分の視野が広がった気もするんですね。

さらに、**FXをやることによって、こうやって友達もたくさんできました。**普通の主婦同士では、お金の話ってできないんですよ。うちは食費が幾らかかってるとか、夫の小遣いは幾らとか、そんな話ばかり。投資の話なんかするとうさん臭がられるし、勧めようものなら、ねずみ講か何かじゃないかって疑われかねません。

そんな中で、FXの仲間と時々会って愚痴を言い合い、おいしいものを食べて元気が出て、また頑張ろうというふうにもなる。「美女の会」でおいしいランチを食べるというのは、実はあれはすごい意味があることだと思います。「この前うまくいかなくて、もうマウス投げつけたわ」とか、そういうお話をして、みんなでドッと笑って、元気になって帰っていく。

もし、ＦＸをやってなかったら、毎日の生活はもっと味気ないものになっているような気がします。朝起きて、家事をやって、時々友人と会って当たり障りのない話をしたり、買い物したりして…。

そういう意味で、私にとってＦＸは人生のエンターテイメントなんです。

Q■川影さんにとっては、楽しくやるというのが大事なんですよね。

A●それに、トレード自体が楽しいと思ってるときって、だいたい勝てるんです。逆に、何か今日は気が乗らないと思うとき、暇だからやるかというとき、昨日負けた分を今日は取り戻そうと考えるときなんかは、負けるんですよね。

まあ、負けても私の場合はかわいいんですけど、楽しく、気持ちの余裕があるときにやると、判断力も冴えている気がするんですよね。

ただ、そんなに意識的にメンタル面に気をつけようと思っているわけではなく、嫌だったらやめればいいことだし、そんなに難しいことは考えてないです。

Q■FXに興味を持っている人へ、アドバイスはなにかありますか？

A●いまは、定期預金してもほとんど利息はつかないですよね。また、これから税金もどんどん上がっていくし、そういう中で一家のお金を管理してる主婦としては、なんとかしなくちゃと考えますよね。

でも、**節約ばかりでは限界があるんじゃないでしょうか。**極端にいえば、節約って生活のレベルを落とすことです。そうじゃなくて、1日100円でも1000円でもお金を生み出すことを考えたほうがいいと思います。よく言うんですが、「ケチケチ」と「チマチマ」は違うんです。「チマチマ」はわずかでも匍匐前進、お金を生み出そうとすることなんです。そんなふうに発想をちょっと変えていかないと、主婦もこれからいけないんじゃないかなと思うんですよね。

そのために、FXって有力な選択肢のひとつです。リスクはもちろんありますが、それはレバレッジを下げたり、ストップを必ず入れたり、チャートを読めるようになったり、いろいろやり方があります。勉強はしないといけませんよ。努力も必要です。私だって、FXをエンターテイメントにまでもってくるには、それなりに汗と涙を流してるんですから。そういうリスクをとることと、勉強や努力をするということを、これから主婦も考えないといけない時代になっていくのではないでしょうか。

ケース3

会社のお給料とは別に、もうひとつ財布を持つ感覚の独身ＯＬの藤本りえさん（仮名）

藤本さんはフルタイムの会社員です。ＦＸを始めたのは、好きなものを買ったり、旅行に行ったりする、もうひとつのお財布をつくるため。トレードの時間は限られていますが、自分の生活スタイルの中にうまく組み込んでいます。

Q■ＦＸを始めたきっかけはなんですか？

A●以前、株をやっていたんですが、普通のＯＬが用意できる金額って、たかがしれているじゃないですか。そうすると、銘柄をしっかり選ばなくちゃならなくて、あんなにたくさん銘柄がある中から選ぶのも大変ですし、1万円のプラスを出すのにもすごく時間がかかるんです。そういうことで、なんだか面白くないなと思っていたところ、2年ぐらい前にＦＸを知ったんです。

ＦＸという言葉を初めて聞いたのは、経済についてやさしく勉強しましょうというある講座でのことです。講師だったベンチャー系の証券会社の社長さんから、資産運用にはいろいろな方法があるという話を聞いたんです。その中のひとつにＦＸがありました。

でも、当時はまだＦＸはいまのようには注目されていなくて、その講師の方も初心者向きではないというようにおっしゃっていたので、あまり気にとめませんでした。

ところが、しばらくして、お友達が別のところでＦＸについて実際のやり方を習ってきて、彼女のホームパーティーに遊びに行ったとき、こういうのがあるんだよということをモニターで見せてくれたんです。

そのときの説明は、「これが『買い』、これが『売り』のプライスで、レートには高くなって安くなってまた高くなってという波があるから、安くなったときに買って、高くなったときに売るんだよ」というシンプルなものでした。ほんとにそれだけの説明だったんですよ。でも何となく、「うん、やってみる」と言って、１週間後には始めていました。

それが05年の6月。株はやっていたのでチャートは何となく分かるのと、とりあえず安く買って高く売ればいいんでしょうというぐらいだけで、いま考えるとほんとに恐ろしいんですけど、ポンと始めちゃったんですね。

何も知らないままやっていたので、少しプラスになって「わーい、じゃあご褒美に何か

図45　藤本さんのライフスタイルとFXの手法

ライフスタイル

- フルタイムの会社員で、日中は仕事に集中
- 買い物や旅行がもちろん大好き
- バリキャリ派ではないが、経済などの勉強も好き

↓

FXの手法

- 毎朝、出勤前にその日の相場のストーリーを考え、エントリーと決済の両方、指値を入れる
- 1日1万円が目標（月に20万円）
- 帰ってきて、どうなったか見るのが楽しみ
- 夜はテレビを見ながら、スキャルピング
- あまり多く狙わず、どちらかといえばチマチマ派

買おうかな」と思っていると、ヒューッて落ちてきて「あれ、結局自腹？」って感じでプラマイゼロで終わっちゃうことが多かったですね。

で、これではいけないと思って、ちょっと勉強しかけたんですが、05年の12月に円高があったじゃないですか。あれで大きく損してしまったんです。

それで年明けに、「ようし、今年はもう一度ちゃんとやり直そう」と思って、本腰をいれて勉強を始めました。手始めに、そのとき持っていた口座が取引手数料がかなり高い口座だったので、そこから見直しました。ちょうどその頃、万友美さんとも知り合いになりました。

Q●勉強はどんなことをやったんですか？

A■まず、本を何冊か読んで、FXの基本的な知識を整理したり、チャートの読み方はかなり徹底して勉強しました。

それと、他の人がどんなふうにトレードをやっているのか、あちこち聞きに行ったりとかもしています。

あるいは、FXの会社から送られてくるニュースに毎日、目を通すようにしました。重要な経済指標が発表されるときなど、素人ながらに見ていると、確かに相場が大きく動くようなので、毎月注目しているうちに、だんだん分かってきたような気がします。

ただ、**デイトレはチャートに始まり、チャートに終わるみたいなところがありますからもっぱらチャートに集中し、あまりファンダメンタルズについては深入りはしません。**

Q■トレードのやり方はどうですか？

A●最初のスタートは100万円でした。そして、プラスになったらその分を引き出していって、最初に入れた100万円分を早く回収して、後は儲かった分で運用していくのが目標です。いま、半分ぐらいは回収しました。

レバレッジについては、高めにして効率よく稼ぐというのは理想ですけど、やっぱり怖いじゃないですか。そこは慎重にバランスを見極めながらやっています。フルタイムの仕事をしているので昼間はほとんど見てられないですしね。もし、そのとき、大きく動いてしまったら、どうしようという心配がありますから。

私は、いわゆる**ボックス相場のときをメーンにしたデイトレを基本にしています**。朝、チャートを見て、ここまで来たら反転するだろうなというポイントってありますよね。そこで刺さったらラッキーみたいなところに指値を入れておいて、そこからじゃあプラス幾らぐらいでリミット、逆にここまで下がったらやばいなというところにストップを入れて会社に行きます。いわゆるＩＦＯですね。

そして、**会社から帰ってきて、うまくエントリーして利益がとれていたらラッキー、できていなかったら残念。**その結果を見るのがまた楽しいんです。チャートを振り返ると、もう少しのところまで行っていたのにというときもあります。

こういうように、**朝は指値注文だけ。**絶好のタイミングと思うときはエントリーしますが、朝はもうバタバタしてて、チャートを見始めるとじーっと見てしまって会社へ行けなくなっちゃうんで、あまり見ません。

夜は、テレビを見ながら、スキャルピングも少しします。相場がどう動くのか見ているのがまた楽しいんですね。


Q■女性は〝ながら〟の人が多いようですね。画面をじーっと見ていると、相場の動きについつい一喜一憂しちゃうところがありますよね。

A●そうそう。ガーッとすごい勢いで下がったりすると、チャンスと思って喜ぶときもあれば、お願いだから止まってーと祈ってみたり。でもしばらくするとまた元に戻ってたりするんですよね。夜のエントリーは数回、チャンスがあればいいな、ぐらいに構えています。

それに、小心者なので、大きく枚数を使えば儲かるなと分かっているときも、どうしても少なくやってしまいます。どちらかというとチマチマ系。だから、プラスもちょっとにしかならないんですね。

もう少し1回のトレードの金額を大きくしてもできると思うんですが、何かまだそこまで勇気がなくて、今後の課題ですね。

Q■目標はどのくらい？

A●私は**1ヶ月20万円、月20日やるとして1日1万円を目標にしています。**普通のOLさんのお給料分ぐらいですね。

昼間、うまく指値とリミットに刺されば5000円とか取れるので、夜に残りを頑張るぞみたいな感じです。

たまに昼間だけで1万円取れちゃうときもあるんですね。そのときはもう夜は気が楽。そこで無理にやると、逆にロスすることもあるので、「今日は1万円稼がせてもらいました。ランチ代も出たし、今日はもうプラス決済で終わりました」ということで、あまり深追いはしないようにしています。

本当はもっともっといきたいんですけど、何かこう、欲張ると悪いことが起きるんじゃゃないかっていう感じがするんです。これはもう性格なので、仕方ない。
生活がかかっているというわけではないので、勝ったら何かおいしいものを食べに行こうとか、次に何か買いたいから頑張ってやろうとか、そんな感じです。基本はお小遣い稼ぎですね。いままでの戦利品は、パソコンとお風呂場テレビ。何かちょっとずつ、形に残していくみたいな感じでやってますね。

Q■藤本さんにとってFXとは何ですか？

A●私の場合、**FXはお小遣いが出てくる「打ち出の小槌」かなって思います。**会社員って、毎月のお給料はだいたい決まっていますよね。でも、FXをやることで、やりようによっては、その月はお給料が2ヶ月分になったりとかプラスアルファが望めるという楽しみが出てきました。

それに、考え方も少し変わりました。いつでもその気になれば、お小遣いを増やせるからいいやっていう気持ちがあるんです。するとなんだか、特に欲しいものがなくなっちゃったんですよ。買おうと思えばいつでも買えるわという気持ちになっちゃって、物に執着しなくなったんです。もちろん、「あれ買おうかな」というのはありますよ。だけど、別にいまじゃなくてもいいやっていう気持ちになって、どんどん買い物するということがなくなったんです。不思議ですね。

Q■負けるときもあると思いますが、そんなときはどうします？

A●レバレッジをそれほど上げてやってないので、予想がはずれても大概は乗り切れるんです。じーっと我慢していれば、大体やり過ごせるんで、その間もう見ないことにしたりとか、逃避したりとか。

終わったらやれやれで、しばらくはおとなしくしてます。すぐ取り返そうと思ってやっきになって、ワサワサってやると往復ビンタ食らって、とんでもないことになるので、一回クールダウンしようというのは常に思ってますね。

やっぱりカーッとなってはだめです。それに、直後はトラウマが残っていて、怖いんですよ。それがなくなるまで、少し間を置いたりします。

Q■会社員の人に何かアドバイスはありますか？

A●私は、**これからの時代、会社員も会社の給料とは別の財布、別の収入源を持っておくことがすごく大事だと思います。**ほんと、何が起こるか分からない時代ですよね。別の財布、別の収入源があれば、そうなったときの備えになるんじゃないでしょうか。

私自身、会社ではＦＸをやってるなんて誰にも言ってませんが、多少、態度が変わってきたかもしれません。会社をクビになっちゃったらどうしようとか、ボーナス減っちゃったらどうしようという心配があまりなくて、いろいろなことに動じなくなった気がするんです。嫌な上司だって、「別に、私はいつやめても構わないもん」とか「あの人も家に帰れば奥さんにないがしろにされて可哀想に」ぐらいに考えていれば、大らかに接することができます。気の持ちようで、退屈な会社も面白く見えてきますよ。

やはり、会社員だと外でアルバイトするわけにもいかないし、仕事の掛け持ちは体力的にも疲れますよね。その点、**ＦＸはやり方次第で会社員にもやりやすいお金の稼ぎ方じゃないでしょうか。**

欲をかかなければ、ほんとにそこそこのお金は手に入ります。やり方によっては、スワップ金利だけで毎月のお家賃分ぐらい稼ぐことも可能でしょう。生活と心にゆとりを得るためにＦＸをやってみるといいですよ。

おわりに

FXでハッピーになるための万友美流10カ条

最後に、FXでハッピーになるための基本法則をまとめてみました。

あなたもぜひ、これを参考にFXで新しい人生の扉を開いてみてください。

普通の主婦である私にできたことが、あなたにできないはずはありません！

1. 余裕資金で行う

投資はリスクを伴うもの。**必ず余裕資金でやりましょう。**生活費や大切な貯蓄には絶対に手をつけないこと。

「最悪、なくなってもいい」と思えるくらいの金額からスタートすることをオススメします。

2. 最初は小さく、だんだん大きく

初心者の方は、**最初は最小単位でのトレードをオススメします。**会社によっては1000通貨単位（通常は1万通貨単位）で売買できるところもあります。

とにかく最初はチマチマやって、自分なりの勝ちパターンをつかむことです。

デモトレードで慣れたら、次はリアルマネーで勝ち体験、負け体験を通じて経験値をアップさせましょう。

最小単位でコンスタントに勝てるようになったら、少しずつ取引量を増やしていけばいいのです。枚数を10倍にすれば、利益も10倍！！　そんなふうに考えると、大きく稼ぐのは決して難しいことではありません。

3. 自分の得意なパターンを見つける

テクニカル分析が得意な人、ファンダメンタルズ分析が得意な人、いろいろだと思います。大事なのは、どちらが正しいのかではなく、どちらが稼げるかということ。**自分の性格や投資目的に合っているかどうか、判断してみてください。**

私の場合、ファンダメンタルズ分析は苦手です。というのも、ある情報を見たときに、じゃあその情報をどうやって為替の動きに結びつけたらいいのかがよく分からないのです。

そんなわけで、私はテクニカル分析中心のトレードをしています。

4. やるとき、やらないときをはっきり分ける

レートの動きや保有しているポジションのことが気になって気になって、パソコ

ンの前から離れられないとか、家事が手につかない、などというご相談をいただくことがあります。

私自身トレードのことが気になるあまり、子供の言うことに上の空で答えてしまうこともあるのですが、そういうとき、私はものすごく自己嫌悪に陥るのです。トレードより子供のほうが大事なはずなのに、私ったら何してるんだろうって。だから、自分の中で優先順位や自分なりのルールを決めて、それをいつも忘れないように心がけています。

絶対に無理はしません。たとえば、私の場合、忙しいとき、眠いとき、お酒を飲んだときはトレードはしません。

でも、いざトレードするときには「私にはFXしかない。ゼッタイに勝つ！」というくらいの気持ちでトレードするのです。そういう精神面のルールに加え、エントリーのタイミング、手仕舞いのタイミングなど手法のルールも作っていて、手法のルールは小さな紙に書いてパソコンに貼り付けてあります。

5．必ず取引きの記録を残す

「トレードで勝つために投資ノートをつける」ということは、最も大切な極意のひ

とつであると思います。

負けたときにも、そのトレードをノートに記録しておくことで、「済んだこと」で終わらせられなくなるのです。あとで読み返したときに参考になるのは、私の場合、勝ったトレードではなく負けたトレードです。ノートの記録を見ると、自分がいかに同じようなミスを繰り返しているかが分かるのです。自分のおかしやすいミスの傾向を知っておくことは、勝つためにはとても大事です。負けたトレードを「済んだこと」で終わらせていては、いつまでたっても成長できません。

一番貴重な情報は、「自分の経験」だということを忘れないでください。

投資ノートは、あなたの経験が詰まった大切な宝物となることでしょう！

毎日毎日、自分にできること、見えることを少しずつでもやっていくことが大事です。誰だって、急にスゴクなったりはできないのですから。

6.「たら・れば」星人にならない

トレードをしていると、損切りした後に戻す、利益確定した後にさらに上がる（下がる）というのはよくあることです。そういうことに一喜一憂していると疲れてしまいます。

どんなに偉大な投資家でも、損を経験したことのない投資家などいません。ということは、投資をする場合、誰もが損することの痛みを経験するわけです。

失敗を検証して同じミスを繰り返さないようにすることは大事ですが、「あのとき買っておいたら…」「あそこで損切りしていれば…」と損したことや儲け損なったことばかりを思い悩むのはやめましょう。

7. 謙虚な気持ちを忘れない

相場に参加しているのは、私のような主婦やサラリーマンもいますが、専門的な勉強や経験を積んだプロもいます。つまり、主婦でもサラリーマンでもプロと同じ土俵で戦わなければいけないわけです。

ということは、たとえ勝ったとしてもそれが必ずしも自分の実力というわけではありません。毎月何百万も稼いでいる私の友人はいつも「私のような主婦に稼がせてくれる相場に本当に感謝しているの」と言っています。

何百万稼いでも、奢らず謙虚な気持ちを持ち続けることの大切さを彼女から学びました。

8. 人に頼らず自分の頭で考える

トレードで思ったような利益を上げられないとき、その日に見聞きした評論家の解説のせいにしてみたり、マーケットに原因があるんじゃないかと結論付けてみたりすることがあるかもしれません。

でも、**本当は上手くいかない原因はほぼ90%「自分」**。自分が変わらなくては、結果（現在の状況）を変えることはできません。だから、自分のやり方をいかに改善できるか。いかに困難な状況から学べるかが成功するための一つの鍵だと思っています。

つまり、**上手くいかないときは自分が成長できるチャンスなのです！**

ネット上にはいろいろな情報が溢れていますが、他人に頼ったり他人に答えを求めていては成長できません。

「人に頼る、人に答えを求める」のが稼げない人の特徴だと聞いたことがあります。情報を短絡的にとらえずに、それをどう活かせるのか？　どう儲けにつなげられるのか？　自分自身に質問し、自分で考えてみましょう。

大事なのは、自分の頭で考え、工夫し、自分なりのやり方を作り出すことです。ちまたに溢れる投資情報をそのまま鵜呑みにしてはいけません。

9．ＦＸ仲間をつくる

投資そのものは、自己責任で行う孤独な戦いですし、トレードの腕はそれぞれ自分で磨いていかなければならないものです。また、お金のことになると親しい友達同士でも、なかなか本音で話すことは難しいものです。特に投資をしたことのない人たちから見れば、ラクして一攫千金を狙っている〝ふとどき者〟などと誤解されてしまうこともあります。

そんなとき、気分転換をはかったり、情報交換したりできる仲間がいると、精神的にとても救われるのです。ひとりじゃないという気持ち。向上心を持って一緒に頑張る仲間の存在はとても大きなものです。

私は「ＦＸ美女の会」や、ミクシィで「子育てママのＦＸ」のコミュニティを運営していますので、そういったところで、あるいは毎日届くメールの数々から、これまで多くの方の勝ったときの喜びようや負けたときの落ち込みようなど、いろいろな方のいろいろな思いをたくさん見聞きしてきました。

そんな生の声を聞くたびに私の投資は進化していくように思えてなりませんでした。そう。**人の実践を見聞きするということは、自分の進化につながるのです！**

そういう他人の様々な経験が、自分の経験にプラスされると、自分ひとりだけの知識や経験以上のものに成長し、モチベーションやパフォーマンスを高めているのだと感じます。

一緒に頑張る仲間の存在は、あなたにとってもとても貴重で意味のある存在となるはずです。

10.「幸せの上昇スパイラル」を目指す

FXで稼いだお金を、すべて再投資して複利で運用する方法もあります。確かにそのほうが効率よく資金を増やせます（逆に損失がふくらむ可能性もあります）。

しかし、私はそうではなく、**毎月一部を引き出して、自分に投資することをオススメします。**エステやネイルサロン、スポーツクラブ、セミナー、旅行など自分自身を向上させるため、より健康に美しくなるためにお金を使うことは大変意味のあることです。

自分磨きをすればするほど自分に自信が持てるようになります。すると、いままでできなかったことにチャレンジしてみようというポジティブな気持ちや行動力が生まれ、結果それが新しい出会いや幸運を呼び込むことにつながります。

ＦＸで稼ぐ
←
自分磨きのために利益の一部を投資する
←
セルフイメージが高まる
←
前向きな思考や行動力が生まれる
←
新たな出会いや幸運が舞い込む

私はこれを「幸せの上昇スパイラル」と呼んでいます。

ＦＸで稼ぐことはもちろん重要ですが、それによって幸せな人生を掴むことこそが、究極の目的なのです。

あとがき

投資初心者の私がＦＸをスタートして、1年半ほど経ちました。

スタートした頃とは手法も意識も大きく変わっていますが、自分のスタイルができるまでは、正直、

「私にはトレードのセンスがないんじゃないだろうか」

「このまま続けていて、本当に望む結果が得られるのかしら」

と不安に押しつぶされそうになったこともあります。

いまだに損して落ち込むこともありますし、チャートを見るのもイヤになるときだってあります。


でも、私は断言します。投資には「夢」と「希望」があると。

だって何のとりえもない専業主婦の私に、子育てしながら月１００万円も稼げるチャンスを与えてくれたんですから！

そして注目してほしいのは、稼ぐこと自体ではなくて、それに伴って訪れる「変化」や「余裕」です。

私はＦＸを始めるまで、経済のことには全く興味がありませんでした。

でも、ＦＸのおかげでいままでは見向きもしなかったことにまで 興味が及ぶようになりました。いろんなことを考えるようになりました。日々成長している自分を感じることができるのは、とても嬉しいものです。

また、ＦＸをやっていなかったら、出会うことのなかったであろう素敵な友人や仲間にも恵まれました。そういった人たちとの出会いが、素晴らしい時間とチャンスをもたらしてくれました。

「稼ぎ力」「自信」「余裕」「自分自身の成長」「友人や仲間」「チャンス」

本当に、ＦＸはなんて多くのものを私にもたらしてくれたことでしょう。


私はこれからの時代は、たとえ専業主婦でも「投資マインド」を持ったほうがいいと思っています。テレビや雑誌などで、そこまでするか？と思うような節約ぶりを発揮する「節約主婦」を紹介していることがあります。確かに、食費や光熱費などの節約で数万円を浮かせることはできるでしょう。節約はもちろんとても大事。でも「極力お金のかからない生活」を目指すことで、あらゆる自分への投資を、自らの手で封鎖してしまうのはあまりにも勿体無いと思うのです。それに、そんな節約主婦の多くは、「うかせる」ことで完結してしまっているようにも見えます。仕事をするとか投資を学ぶとか、お金自体を「増やす発想」がないというのも共通する特徴だったりします。

投資マインドの原則は、「お金を投じてリターンを得る」という意識。

誰かと会う。何かを学ぶためにスクールに通う。セミナーに参加する。本を買う。エステに行く。

確かにすべてお金がかかりますが、お金を手放すという痛みなしに手に入れられるリターンというのは、残念ながらあまりないのではないでしょうか。

子育てや介護をしながらだって稼ぐことはできますし、自宅にいながらにして収入を得る道を模索している方にとって、FXはとても魅力のあるものだと思います。

（もちろん元本保証ではないというリスクはありますが）

だから、女性が経済的自立を得るひとつの手段としてチャレンジする価値のあるものだとも思います。

FX初心者であることの不安。投資経験がないことの不安などもあるでしょう。そんな方のために、初心者向けのセミナーやチャートの勉強会なども開催しています。

詳しくは私のサイト「ＦＸ初心者のための　よくわかるＦＸ」http://www.mayumifx.com/をご覧ください。

無料のメールセミナーもご用意していますし、ＦＸに出会って変化した方たちの声を聞くこともできます。

いまどんなにスゴイ人だって、最初は初心者・素人からのスタートです。一歩を踏み出さなければ、永遠に初心者のままです。

この本があなたの投資マインドを刺激するきっかけになることを祈っています。

最後に、出版の機会を与えてくださったダイヤモンド社の土江英明編集長、ライティングの指導をしてくださった古井一匡さんに心からお礼申し上げます。

そして、どんな時も私を支え助けてくれる家族にも、最後まで読んでくださったあなたにも、感謝の気持ちでいっぱいです。

心からのありがとうをこめて。

２００７年７月

鳥居万友美

[著者]
鳥居万友美（とりい・まゆみ）
短大を卒業し、秘書を務めた後、結婚、出産。しかし、離婚をきっかけに、女性の経済的自立の大切さに目覚める。2004年に再婚し、2006年よりFXに取り組み始めたところ、200万円がたった１ヶ月で470万円に！　お小遣い稼ぎのつもりのFXで、一気に世界が変わってしまったママトレーダーです。FXブログはスタート７日目で人気ブログランキング２位。メルマガは広告なし、相互紹介なし、無料レポートなしにもかかわらず３回目の配信で読者数1000名突破。様々な雑誌から取材のオファー多数。ミッションは「女性の経済的不安を解消するお手伝いをする」こと。家事、育児をしながら、月200％のパフォーマンスを目標に頑張っています。

オフィシャルサイト：FX初心者のための「よくわかるFX」
http://www.mayumifx.com/
ブログ：子育てしながらFXで経済的不安を解消する方法
http://mayumifx.livedoor.biz/
メルマガ：子育てしながらFXで経済的不安を解消する方法
http://www.mag2.com/m/0000180801.html

FXで月100万円儲ける私の方法

2007年８月２日　第１刷発行
2007年10月15日　第６刷発行

著　者――鳥居万友美《とりいまゆみ》
発行所――ダイヤモンド社
〒150-8409　東京都渋谷区神宮前6-12-17
http://www.diamond.co.jp/
電話／03·5778·7236（編集）03·5778·7240（販売）
装丁――渡邊民人（タイプフェイス）
撮影――須藤夕子
本文イラスト――関口紀子
製作進行――ダイヤモンド・グラフィック社
印刷・製本――ベクトル印刷
編集協力――古井一匡
編集担当――土江英明

ISBN 978-4-478-00108-0